DIREITO MARÍTIMO E PORTUÁRIO

inter
saberes

Tatiana Lazzaretti Zempulski

Rua Clara Vendramin, 58 . Mossunguê . Cep 81200-170 . Curitiba . PR . Brasil
Fone: (41) 2106-4170 . www.intersaberes.com . editora@intersaberes.com

Conselho editorial Dr. Alexandre Coutinho Pagliarini, Drª Elena Godoy, Dr. Neri dos Santos, Dr. Ulf Gregor Baranow ▪ **Editora-chefe** Lindsay Azambuja ▪ **Gerente editorial** Ariadne Nunes Wenger ▪ **Assistente editorial** Daniela Viroli Pereira Pinto ▪ **Preparação de originais** Palavra Arteira Edição e Revisão de Textos ▪ **Edição de texto** Natasha Saboredo, Letra & Língua Ltda., Monique Francis Fagundes Gonçalves ▪ **Capa** Luana Machado Amaro ▪ **Projeto gráfico** Mayra Yoshizawa ▪ **Diagramação** Débora Gipiela ▪ **Equipe de** *design* Débora Gipiela, Luana Machado Amaro ▪ **Iconografia** Regina Claudia Cruz Prestes

Dados Internacionais de Catalogação na Publicação (CIP)
(Câmara Brasileira do Livro, SP, Brasil)

Zempulski, Tatiana Lazzaretti
 Direito Marítimo e portuário/Tatiana Lazzaretti Zempulski. Curitiba: InterSaberes, 2022. (Série Estudos Jurídicos: Direito Público).

 Bibliografia.
 ISBN 978-65-5517-349-9

 1. Direito marítimo 2. Direito marítimo – Brasil 3. Portos – Leis e legislação – Brasil I. Título. II. Série.

21-87111   CDU-347.79(81)
                                              -34:387(81)

Índices para catálogo sistemático:
1. Brasil: Direito marítimo   347.79(81)
2. Brasil: Direito portuário   34:387(81)
 Cibele Maria Dias – Bibliotecária – CRB-8/9427

1ª edição, 2022.

Foi feito o depósito legal.

Informamos que é de inteira responsabilidade da autora a emissão de conceitos.

Nenhuma parte desta publicação poderá ser reproduzida por qualquer meio ou forma sem a prévia autorização da Editora InterSaberes.

A violação dos direitos autorais é crime estabelecido na Lei n. 9.610/1998 e punido pelo art. 184 do Código Penal.

Sumário

9 ▪ *Apresentação*

15 ▪ *Introdução*

Capítulo 1

19 ▪ Histórico e conceitos fundamentais

21 | Contextualização histórica e definição de direito marítimo

25 | Fontes do direito marítimo

57 | Mar territorial

82 | Sujeitos do direito marítimo

Capítulo 2

101 ▪ Contratos marítimos

104 | Hipoteca naval

110 | Incoterms

Capítulo 3

129 ▪ Direito portuário

131 | Conceito de direito portuário

132 | Legislação do direito portuário brasileiro

135 | Porto organizado

156 | Arrendamentos e concessões portuárias

168 | Agência Nacional de Transportes Aquaviários (Antaq)

Capítulo 4
181 ▪ **Sujeitos do direito portuário**
182 | Operadores portuários
184 | Órgão de Gestão de Mão de Obra (OGMO)
187 | Trabalhadores portuários avulsos
203 | Empregado portuário

211 ▪ *Considerações finais*
213 ▪ *Lista de siglas*
215 ▪ *Referências*
231 ▪ *Respostas*
233 ▪ *Sobre a autora*

Ao amigo Bira, trabalhador portuário que dedicou sua vida ao Porto de Paranaguá-PR, e ao querido amigo Paulo Artigas.

Apresentação

Quando falamos em direito marítimo, logo lembramos do transporte marítimo de mercadorias e de pessoas utilizado pelos diversos povos desde a Antiguidade. A regulamentação das regras que norteiam o espaço marítimo envolve tanto o direito nacional dos países quanto a necessidade do cumprimento de regras internacionais.

Povos europeus, muito conhecidos por suas aventuras mar adentro – portugueses, espanhóis, holandeses, alemães, franceses, gregos e ingleses –, já exploravam os mares em busca de riquezas oriundas de outros continentes, como no caso da famosa Companhia da Índias, em que especiarias e outros produtos eram comprados e revendidos em terras europeias.

Com a desculpa de erro de percurso, decorrente da navegação para um continente ainda não explorado, segundo relatos históricos, no ano de 1500, em terras localizadas na América do Sul, uma tripulação de origem portuguesa, por meio de suas embarcações marítimas, chegou a essas terras habitadas por nativos. Ao desembarcarem no que hoje conhecemos como Brasil, constataram a existência de terras virgens, com grande potencial de exploração de sua exuberante vegetação. É válido destacar que os países localizados na América Central, o chamado *Caribe*, já haviam sido colonizados por povos europeus, muito antes de esses povos chegarem ao Brasil.

Portanto, para estudar o direito marítimo, precisamos mergulhar em um universo cercado por normas e regras nacionais e internacionais: o mar territorial dentro do espaço de soberania brasileira e internacional.

Houve um episódio com um navio de nacionalidade alemã, chamado Baden, cujo comandante descumpriu ordens emanadas pela autoridade marítima do Rio de Janeiro. O navio foi bombardeado e o caso foi submetido ao Tribunal Marítimo Alemão, tendo em vista que, no Brasil, não existia um tribunal marítimo. Por isso, a necessidade de resolver os conflitos decorrentes de acidentes marítimos que ocorriam em território nacional ensejou a criação do Tribunal Marítimo do Brasil (Brasil, 2021d).

A crescente necessidade de criação e aprovação de normas que regulamentassem as questões de proteção da movimentação de navios nos portos nacionais e a entrada e saída de navios estrangeiros e nacionais dentro do mar territorial brasileiro demonstram a importância do estudo desse ramo do direito.

Outro exemplo que denota a relevância dessa área jurídica é o caso de um navio cargueiro que ficou atravessado no Canal de Suez, no Egito, por sete dias, o que impossibilitou a entrada e a saída de outros navios e acarretou muitos prejuízos. Desse modo, segundo o jornal *El País* (Canal..., 2021), quando o navio de contêineres Ever Given foi desencalhado, existiam aproximadamente 367 navios que aguardavam para conseguir atravessar o canal, que estava com o tráfego oficialmente suspenso, com cargas graneleiras, de contêineres e de óleo.

Por meio da análise desse fato, podemos inferir que vários contratos marítimos não foram cumpridos dentro do prazo estipulado de entrega e recolhimento de mercadorias em portos de diversos continentes. Dessa forma, inferimos a importância do estudo das fontes do direito marítimo, das convenções internacionais, dos princípios, da doutrina, das normas que regulamentam os contratos marítimos e da jurisprudência correlata.

Nesta obra, também analisaremos o direito portuário, com principal destaque à Lei de Modernização dos Portos do Brasil – Lei n. 12.815, de 5 de junho de 2013 (Brasil, 2013b) – e as normas que regem os trabalhadores dos portos.

Para compreender melhor este tema, dividimos o conteúdo em quatro capítulos: os dois primeiros tratam do direito marítimo e os dois últimos contemplam o direito portuário.

No primeiro capítulo, contextualizaremos, em uma breve retrospectiva, a evolução histórica do comércio marítimo, abordando a legislação, tanto internacional quanto nacional, as fontes primárias e secundárias, os conceitos relativos ao mar territorial, a zona econômica exclusiva, a zona contígua, o direito de passagem, a plataforma continental, a Amazônia Azul, os navios e os sujeitos do direito marítimo.

No segundo capítulo, explicaremos os contratos marítimos e algumas espécies, como hipoteca naval, fretamento de navios, contrato de afretamento e todos os termos internacionais de comércio (Incoterms – *International Commercial Terms*).

No terceiro capítulo, examinaremos o conceito de *direito portuário*, a legislação aplicada ao direito portuário, a Lei de Modernização dos Portos, o porto organizado, os arrendamentos e as concessões portuárias.

No quarto capítulo, trataremos dos sujeitos do direito portuário, dos operadores portuários, do órgão de gestão de mão de obra, dos trabalhadores portuários e de suas categorias e do empregado portuário.

Além disso, apresentamos os principais aspectos relacionados ao acordo comercial entre União Europeia e Brasil, finalizado em 2019.

Para a elaboração deste livro, realizamos pesquisas em várias áreas do direito, como direito internacional público e privado, direito constitucional, direito administrativo, direito do trabalho, direito comercial, direito civil e direito ambiental.

Observamos que, no desenvolvimento do conteúdo, o que mais chamou atenção foram os conceitos trazidos por meio da pesquisa nas áreas de comércio exterior e economia marítima.

Esperamos que esta obra desperte sua vontade, leitor, de estudar o direito marítimo e portuário.

Introdução

Vamos imaginar a compra de um produto pela internet. Ao elaborar uma pesquisa de preços, deparamo-nos com um produto nacional que custa dez vezes mais do que um produto similar oriundo da China. Diante da discrepância de valores, optamos por comprar o produto chinês e, ao finalizar a compra, verificamos que, se adquirirmos um número grande de produtos que totalize determinado valor, obteremos a isenção de pagamento do frete.

E de que forma essa mercadoria chegará até a residência do comprador? Quais são as normas aplicadas nesse contrato de compra e venda? Veja, o simples ato corriqueiro de comprar e vender produtos na internet traz um complexo sistema legal que dá suporte para que essas transações ocorram e o direito marítimo e portuário estejam presentes.

A distância entre o Brasil e a China é imensa. É certo que a mercadoria comprada pela internet será entregue por meio de transporte marítimo; porém, várias regras jurídicas são observadas para que essa mercadoria viaje e chegue ao seu destino.

Observe também que, para adentrar o território de um país estrangeiro, o navio que deseja atracar deverá programar sua estadia com a autoridade portuária local.

Dessa forma, é possível atestar que a celebração de um contrato de compra e venda desencadeia o transporte de várias mercadorias. Para que esses produtos cheguem ao seu destino sem danos ou avarias, várias normas serão seguidas pelos trabalhadores que colocam as mercadorias dentro do navio, como as que regulamentam o armazenamento dentro do navio, o desembarque, as custas do desembaraço aduaneiro, até que finalmente ocorra a entrega da mercadoria para o consumidor final, que fez a compra pela internet.

Portanto, vamos estudar o direito marítimo, suas fontes, as legislações internacional e brasileira e o direito portuário. No entanto, para entender esse ramo do direito, é importante fazermos uma breve retrospectiva histórica das atividades comerciais e do comércio marítimo.

Voltando um pouco ao passado, aqui no Brasil, no final do século XIX e início do século XX, com a abolição da escravatura e a crescente necessidade de trabalhadores livres para a substituição da mão de obra escrava nas grandes plantações, ocorreu a chegada dos imigrantes europeus por meio do transporte marítimo. Novamente, podemos perceber a relevância do direito marítimo, assim como da organização e da expansão dos portos brasileiros.

O direito marítimo surge da necessidade de regulamentação das normas e dos princípios que regem as questões relacionadas ao comércio marítimo, ao transporte de mercadorias e pessoas por meio de navios e embarcações, aos contratos que regem as relações jurídicas e ao direito portuário para receber esses navios e regulamentar a entrada e a saída das cargas por intermédio dos trabalhadores contratados nos portos.

Capítulo 1

Histórico e conceitos fundamentais

Ao introduzir o direito marítimo como ramo autônomo do direito que regulamenta toda atividade originada na utilização de bens, comércio marítimo, exploração do mar e navegação (Campos, 2017), é importante ressaltar que o transporte marítimo vem contribuindo para o desenvolvimento global e vem sendo utilizado há mais de 5 mil anos, desde que as primeiras cargas foram movimentadas por via marítima (Stopford, 2017).

> As viagens épicas de Colombo, Dias e Magalhães abriram as rotas marítimas do mundo, e esse mesmo espírito pioneiro contribuiu para o aparecimento de superpetroleiros, navios porta-contêineres e uma frota heterogênea de navios especializados que anualmente transportam uma tonelada de carga para cada habitante do mundo. (Stopford, 2017, p. 32)

No que se refere à regulamentação do transporte marítimo, é válido destacar que o direito marítimo se liga à própria civilização, pois o mar foi utilizado na Antiguidade pelos povos como forma de conquista de novos territórios e como meio de circulação de mercadorias (Gibertoni, 2005).

Para entendermos melhor esse ramo do direito, verificamos a necessidade de trazer uma breve retrospectiva histórica.

— 1.1 —
Contextualização histórica e definição de direito marítimo

A evolução do comércio marítimo foi liderada sucessivamente por Babilônia, Tiro, Corinto, Rodes, Atenas, Roma, Veneza, Antuérpia, Amsterdã, Londres, Nova York, Tóquio, Hong Kong, Singapura e Xangai. A cada estágio da "Linha Oeste" houve uma luta econômica entre os grandes centros adjacentes de transporte marítimo assim que um centro mais antigo dava lugar ao novo concorrente, deixando um rastro, como a esteira de um navio que circum-navegou o mundo. A tradição marítima, os alinhamentos políticos, os portos e mesmo a riqueza econômica das diferentes regiões são produto de séculos dessa evolução econômica, na qual o transporte marítimo mercante desempenhou um papel principal. (Stopford, 2017, p. 34)

Segundo Lewandowski (2021, p. 16), os "fenícios e os vikings, exímios navegadores, foram os precursores de conquistas territoriais e do ordenamento jurídico". Com o crescimento da navegação, surgiu a necessidade da criação de normas específicas, e o conjunto dessas normas deu origem ao direito marítimo (Lacerda, 1963).

Portanto, de acordo com Lacerda (1963, p. 17), "o direito marítimo não se formou de um momento para outro: é produto de uma elaboração através do tempo. Nos códigos de Hamurabi

(XXIII séc. A.C.) e no de Manu, dos hindus (XIII séc. A.C.), diversas regras são encontradas sobre o direito marítimo".

Na Antiguidade, os romanos utilizavam as Leis de Rodes, porque não elaboraram leis próprias de direito marítimo e comercial, tendo em vista que o comércio era exercido por estrangeiros e escravos. Além disso, encontramos normas de direito marítimo no *Corpus Iuris Civilis* (Lacerda, 1963).

As leis ródias (Ilha de Rodes), que regiam o comércio marítimo na Antiguidade, trazem referências do Código de Hamurabi, das leis de Manú (com base no direito europeu) e das normas das corporações mercantis dos países mediterrâneos, "onde a *Lex Rhodia* e o *Consulat de Mar* eram seguidas, e o do Norte da Europa, onde os 'Rôles d'Oléron' e o direito marítimo de Damme e Wisby eram seguidos" (Negrão, 2019, p. 31).

Na Idade Média, havia as seguintes leis marítimas: Veneza tinha o *Capitulare Navium* ou *Capitulare Nauticum Pro Emporium Veneto* (1255); na cidade de Pisa, havia o *Constituto Usus* (1160); em Amalfi, a *Tavola Amalfitana* (1274); em Barcelona, o Consulado do Mar (1380); e os Rolos de Oléron (Ilha de Oleron – França), o *Guidon de La Mer* e o *Ius Hanseaticum Maritimum* – comércio marítimo do Báltico (Lacerda, 1963). No século XV, havia o Código Marítimo francês; o Código napoleônico, as leis fernandinas; e as ordenações filipinas – em Portugal (Martins, 2019; Gomes, 2005).

Segundo Martins (2019, p. 6), "Assim, cada porto marítimo, porém, constituía um forte núcleo comercial. E cada um possuía os seus usos especiais, que eram seguidos por todos aqueles que se dedicavam ao comércio".

Companhias de navegação foram criadas. A primeira foi a Companhia das Índias Orientais: de nacionalidade holandesa, seus primeiros acionistas foram armadores, além de contar com participação estatal. Em seguida, surgiram as empresas de navegação inglesas (Diniz, 2019).

A evolução do direito marítimo ocorreu por meio das companhias de navegação holandesas, assim como pela Liga Hanseática (reunião de companhias alemãs), pelas Leis de Wisby, pelas Leis Ferdinandas, pelo Guidon de La Mer, pela Ordonnance de Colbert e pelo Código Comercial Francês (Gomes, 2005).

No entanto, somente após a Revolução Industrial é que o comércio exterior obteve um impulso, principalmente por meio do transporte marítimo fomentado pela Inglaterra. Atualmente, a circulação de mercadorias no comércio marítimo continua intensa (Motta, 2010).

De acordo com Stopford (2017, p. 738),

> No século XIX, a lei britânica era amplamente usada como o enquadramento da lei marítima nacional, constituindo uma base comum. Mais recentemente, os governos das nações marítimas adotaram etapas mais formais para padronizar a lei

marítima. Isso é alcançado por meio de "convenções" internacionais, que são concebidas conjuntamente pelos Estados marítimos, estabelecendo os objetivos acordados para a legislação em matérias específicas. Cada país pode, se assim o desejar, introduzir as medidas estabelecidas nessas convenções na sua lei nacional. Todas as nações que o fazem (conhecidas como signatárias da convenção) têm a mesma lei sobre a matéria coberta pela convenção.

[...]

O corpo de leis marítimas atual evolui gradualmente. Tomando como exemplo a Grã-Bretanha, em meados do século XIX existiam poucas normas e regulamentos e não haviam [sic] praticamente padrões de construção nem de segurança para os navios mercantes.

É importante destacar que o Reino Unido editou leis marítimas especializadas em resolução de problemas no transporte de grandes frotas marítimas, e outros países desenvolveram suas leis a partir da experiência britânica. Assim, em 1889, ocorreu uma conferência marítima nos Estados Unidos, com a participação de 37 países. Em decorrência dessa conferência, foram padronizados regulamentos internacionais que promoveram o debate das seguintes matérias: salvamento de vidas e de bens dos naufrágios; regras para determinar a navegabilidade dos navios; regras para a prevenção de colisões; as qualificações necessárias para os oficiais e os marinheiros; o calado até o qual os navios estariam limitados quando carregados; as regras uniformes relacionadas à designação e à marcação dos navios; os corredores para os navios a vapor e as rotas mais frequentadas; a notificação, a marcação e a remoção de destroços e obstruções perigosos à navegação; o estabelecimento de uma comissão marítima internacional permanente; os sinais noturnos para a comunicação da informação no mar; os avisos sobre a aproximação de tempestades; os avisos de perigos à navegação; e o sistema uniforme de boias e faróis (Stopford, 2017).

Atualmente, a Inglaterra continua sendo referência no direito marítimo e detém as maiores empresas seguradoras das companhias marítimas, e a maioria dos contratos marítimos firmados elege como foro para dirimir conflitos a cidade de Londres. A arbitragem é muito utilizada nos contratos marítimos.

Assim, podemos conceituar o *direito marítimo* como o ramo do direito que trata do comércio marítimo, de suas fontes e de seus princípios reguladores, bem como do comércio via marítima, de seus contratos, do transporte, dos regulamentos e das responsabilidades (Motta, 2010).

— 1.2 —
Fontes do direito marítimo

O direito marítimo é regido por normas de direito público e privado, cujas fontes são divididas em primárias e secundárias. As fontes primárias são as leis, os tratados, as convenções internacionais, os decretos, os decretos-leis, os atos administrativos e as portarias. As fontes secundárias são os princípios gerais do direito, a jurisprudência e os costumes (Gibertoni, 2005).

Conforme esclarece Stopford (2017, p. 739),

> As convenções que formam os pilares fundamentais das leis marítimas não são leis, mas "modelos" acordados internacionalmente que os Estados marítimos utilizam como base para promulgar a sua legislação marítima. Isso não garante que todos os países tenham exatamente a mesma lei marítima, visto que alguns a modificam e outros nem chegam a assinar. Porém, ajuda a evitar uma legislação marítima mal elaborada e inconsistente e, em matérias importantes como a segurança, a maioria dos países marítimos tem atualmente a mesma lei marítima.

Para a elaboração de uma convenção marítima, há quatro etapas, as quais destacamos a seguir.

As quatro etapas para realizar uma convenção marítima

Etapa 1: consulta e redação da convenção. Os governos interessados identificam o assunto que exige uma legislação. Assim, realiza-se uma conferência na qual são debatidas as propostas escritas pelos vários Estados e partes interessadas. Se existir apoio suficiente, a agência (por exemplo OMI e OMT) elabora um projeto de convenção que circula pelos Estados-membros, em que apresenta em detalhe o regulamento proposto ou uma emenda ou anexo a um regulamento.

Etapa 2: adoção do projeto da convenção. A conferência reúne-se novamente para analisar o projeto de regulamento e, quando for alcançado um acordo sobre o texto, ele é adotado pela conferência. O debate serve ao duplo propósito de mostrar se existe ou não um consenso sobre a necessidade do regulamento, e, em caso afirmativo, a redefinição da forma que deve tomar.

Etapa 3: assinatura. A convenção está "aberta para assinatura" pelos governos; pela assinatura, cada Estado indica sua intenção de ratificar a convenção tornando-a assim juridicamente vinculativa no seu próprio país.

Etapa 4: ratificação. Cada país signatário ratifica a convenção introduzindo-a na sua própria legislação nacional para que seja parte da lei do país ou dos domínios, e a convenção entra em vigor quando o número necessário de Estados (geralmente dois terços) tiver completado esse processo – as condições exatas da entrada em vigor fazem parte da adoção original da convenção. Assim que as condições necessárias tenham sido satisfeitas, a convenção possui força de lei nos países que a ratificaram. Não se aplica a países onde não tenha sido ratificada, e quaisquer casos legais devem ser julgados ao abrigo da lei nacional prevalecente.

Fonte: Stopford, 2017, p. 740, grifo do original.

Stopford (2017, p. 740) destaca de que forma são cumpridas a quatro etapas transcritas anteriormente:

> Um exemplo desse processo é dado pela Unclos 1982 [...]. Ela foi fomentada pela Resolução da Assembleia Geral das Nações Unidas 2.749, que assinalou "as realidades políticas e econômicas" da década anterior e "o fato de muitos dos atuais Estados-membros das Nações Unidas não terem participado na Conferência das Nações Unidas sobre o Direito Marítimo". Isso pedia a realização de uma nova conferência sobre o direito do mar. A conferência aconteceu em 1973, e o debate continuou até 30 de abril de 1982, quando a convenção redigida foi adotada por votação (130 a favor, quatro contra, dezessete abstenções). A convenção foi aberta para assinatura em Montego Bay, na Jamaica, em 10 de dezembro de 1982. No primeiro dia foram anexadas as assinaturas de 117 Estados. Adicionalmente, foi depositada uma ratificação.

Desse modo, podemos entender que o direito marítimo tem natureza jurídica mista e interdisciplinar, pois toda atividade marítima engloba relações comerciais, tributárias, previdenciárias, ambientais, trabalhistas e internacionais. O direito público marítimo abrange os direitos marítimo ambiental, administrativo, penal, processual, constitucional, do trabalhador marítimo e tributário. O direito marítimo administrativo engloba as normas relativas ao Tribunal Marítimo, à autoridade marítima, aos aquaviários e à polícia dos portos (Campos, 2017).

— 1.2.1 —
Fontes primárias

Como demonstramos anteriormente, as fontes primárias do direito marítimo são as leis, os tratados, as convenções internacionais, os decretos, os decretos-leis, os atos administrativos e as portarias (Gibertoni, 2005).

Entende-se por *lei* o "ato normativo produzido pelo Poder Legislativo segundo forma prescrita na Constituição, gerando direitos e deveres em nível imediatamente infraconstitucional" (Temer, 1994, p. 129).

Os tratados internacionais são instrumentos utilizados como fonte para a unificação do direito marítimo por meio das convenções internacionais, cuja atuação incide sobre matérias relativas ao transporte pelo mar de passageiros e mercadorias, a créditos e responsabilidades marítimas, à proteção ao meio ambiente, com medidas de prevenção de acidentes e poluição marítima (Gomes, 2005).

Para melhor explicar, o art. 2º da Convenção de Viena, de 1969, conforme o Decreto n. 7.030, de 14 de dezembro de 2009 (Brasil, 2009a), prevê que:

> a) "tratado" significa um acordo internacional concluído por escrito entre Estados e regido pelo Direito Internacional, quer conste de um instrumento único, quer de dois ou mais instrumentos conexos, qualquer que seja sua denominação específica.

Segundo Stopford (2017, p. 719),

> A Convenção das Nações Unidas sobre o Direito do Mar [United Nations Convention on the Law of the Sea, Unclos], de 1982, estabelece um enquadramento amplo, enquanto a tarefa de desenvolver e de manter regras exequíveis no âmbito desse enquadramento é delegada a duas agências das Nações Unidas: a IMO e a OMT. A IMO é responsável pelas regras sobre a segurança do navio, a poluição e a proteção, e a OMT é responsável pelas leis que governam as pessoas a bordo dos navios. Essas duas organizações produzem "convenções" que se tornam lei quando são promulgadas por cada Estado marítimo. A promulgação das convenções marítimas é em alguns casos fragmentada, porque nem todos os 166 Estados assinaram algumas convenções, mas as principais, como a Solas e a Marpol [...], tornaram-se lei em todos Estados de bandeira importantes.

Os tratados internacionais são acordos solenes de manifestação da vontade de dois ou mais Estados sobre determinado assunto, ao passo que as convenções internacionais são os tratados que criam normas gerais (Guerra, 2016).

> Cada Estado marítimo desempenha dois papéis diferentes, o primeiro como "Estado de bandeira" [*flag state*] e o segundo como "Estado costeiro" [*coastal state*] [...]. Como "Estado de bandeira", ele faz e aplica as leis que governam os navios registrados sobre a sua bandeira. Por exemplo, a Grécia, como "Estado de bandeira, é legalmente responsável pelos navios que arvoram a bandeira grega onde quer que estejam, enquanto

como Estado costeiro aplica as leis marítimas sobre os navios nas águas territoriais gregas. Isso é conhecido como "o controle pelo Estado do porto". Geralmente as leis que os Estados marítimos aplicam cumprem com as convenções marítimas, mas nem sempre é o caso. Por exemplo, quando os Estados Unidos passaram a Lei sobre Poluição por Petróleo (1990) [Oil Pollution Act (1990)], uma lei destinada a eliminar gradualmente os navios-tanques de casco único das águas dos Estados Unidos, não existia uma convenção marítima sobre essa matéria. (Stopford, 2017, p. 720)

Já no direito nacional, são utilizados leis, decretos, decretos-lei e atos administrativos para ratificar e inserir no ordenamento jurídico brasileiro as convenções internacionais.

Organização Marítima Internacional (OMI)

A Organização Marítima Internacional (OMI) é uma organização especializada da Organização das Nações Unidas (ONU), criada em 1948 em Genebra. Tem "sede em Londres, Inglaterra, conta com 169 Estados Membros e três membros associados. Sua Convenção foi ratificada pelo Brasil em 17 de março de 1957" (Brasil, 2021c).

A OMI é formada por: "uma Assembleia, constituída por todos os Estados Membros da OMI, que é o mais alto órgão da Organização; um Conselho, integrado por quarenta Membros eleitos pela Assembleia, que é o órgão executivo da Organização;

e Comitês e Subcomitês, que são os órgãos técnicos da Organização" (Brasil, 2021c).

O Comitê de Segurança Marítima (CSM), incluindo seus subcomitês, é o principal órgão técnico da OMI, cuja competência é analisar as questões referentes: à construção e aos equipamentos de navios; aos auxílios à navegação; às regras para evitar colisão de navios; à dotação de material do ponto de vista da segurança; aos procedimentos e às exigências relativos à segurança marítima; ao manuseio de cargas perigosas; às informações hidrográficas; à investigação de acidentes marítimos; aos diários e registros de navegação; ao socorro e salvamento; e a questões diversas que afetem diretamente a segurança marítima (Brasil, 2021c).

São comitês da OMI:

- O Comitê de Segurança Marítima [Maritime Safety Committee], que trata de uma série de questões relacionadas com a segurança no mar. Os subcomitês lidam com questões relacionadas com a segurança da navegação; as comunicações por rádio e o salvamento; a busca e salvamento; as normas de treinamento e serviços de quarto; o projeto de navios e equipamento; os meios de salvação; a proteção contra incêndios; a estabilidade e as linhas de carga; a segurança dos navios de pesca; o transporte de cargas perigosas; as cargas secas e os contêineres; o transporte de líquidos e gases a granel; e a implementação do Estado de bandeira.

- O Comitê para a Proteção do Ambiente Marinho [Marine Environment Protection Committee], que trata de uma série de questões relacionadas com a poluição, causada sobretudo por hidrocarbonetos.
- O Comitê de Cooperação Técnica [Technical Cooperation Committee], que lida com o programa de cooperação técnica, o qual se destina a ajudar os governos a implementar as medidas técnicas adotadas pela organização.
- O Comitê Legal [Legal Committee], responsável por considerar quaisquer questões legais dentro do âmbito da organização.
- O Comitê de Facilitação [Facilitation Committee], que se preocupa com a facilitação do fluxo do tráfego marítimo internacional, reduzindo as formalidades e simplificando a documentação exigida dos navios quando entram ou saem dos portos ou dos terminais. (Stopford, 2017, p. 741)

A OMI tem cerca de 300 empregados. Sua finalidade é promover mecanismos de cooperação, segurança marítima, prevenção da poluição e remoção dos óbices ao tráfego marítimo (Brasil, 2021c).

Destacamos as principais convenções marítimas no quadro a seguir.

Quadro 1.1 – Resumo das convenções internacionais marítimas

Número	Instrumento	Entrada em vigor	
		Data	% da frota
1 Sola	Convenção Internacional para a Salvaguarda da Vida Humana no Mar, 1974, com as modificações subsequentes, e os seus Protocolos (1978, 1988) [International Convention for the Safety of Life at the Sea, 1974 as amended, and its Protocols (1978, 1988)]	25/05/1980	99
2 SAR	Convenção Internacional sobre Busca e Salvamento Marítimos, 1979 [International Convention on Maritime Search and Rescue, 1979]	25/06/1985	52
3 Intervention	Convenção Internacional de 1969 sobre a Intervenção em Alto-Mar em Caso de Acidente que Provoque ou Possa Vir a Provocar Poluição por Hidrocarbonetos, 1969, e o seu Protocolo, (1973) [International Convention Relating to Intervention on the High Seas in Cases of Oil Pollution Casualties, 1969, and its Protocol (1973)]	06/05/1975	73

(continua)

(Quadro 1.1 - continuação)

Número	Instrumento	Entrada em vigor	
		Data	% da frota
4 Marpol	Convenção Internacional para a Prevenção da Poluição por Navios, 1973, e o seu Protocolo (1978), Anexo I (2 out. 1983), Anexo II (6 abr. 1987), Anexo III (1º jul. 1983), Anexo IV, Anexo V (31 dez. 1988) [International Convention for the Prevention of Pollution from Ships, 1973, and its Protocol (1978), Annex I (2 Oct. 1983), Annex II (6 Apr. 1987), Annex III (1 July 1992); Annex IV, Annex V (31 Dec. 1988)]	02/10/1983	98
5 CSC	Convenção Internacional sobre a Segurança dos Contêineres (1972) [International Convention for Save Containers (1972)]	06/07/1977	62
6 OPRC	Convenção Internacional de 1990 sobre a Prevenção, Atuação e Cooperação no Combate à Poluição por Hidrocarbonetos, 1990 [International Convention on Oil Pollution Preparedness Response and Co-operation, 1990]	13/05/1995	65

(Quadro 1.1 – continuação)

Número	Instrumento	Entrada em vigor	
		Data	% da frota
7 LC	Convenção para a Prevenção da Poluição Marinha Causada pelo Despejo de resíduos e Outras Substâncias, 1972, com as modificações subsequentes, e o seu Protocolo (1996) [Convention on the Prevention of Marine Pollution by Dumping of Wastes and Other Matter, 1972 as amended, and its Protocol (1996)]	30/08/1975	69
8 Colreg	Convenção sobre o Regulamento Internacional para Evitar Abalroamentos no Mar, 1972, com as modificações subsequentes [Convention on the International Regulations for Preventing Collisions at Sea, 1972, as amended]	15/07/1977	98
9 FAL	Convenção da Organização Marítima Internacional relativa à Facilitação do Tráfego Marítimo Internacional, 1965, com modificações subsequentes [Convention on Facilitation of International Maritime Traffic, 1965, as amended]	05/03/1967	69

(Quadro 1.1 – continuação)

Número	Instrumento	Entrada em vigor	
		Data	% da frota
10 STCW	Convenção Internacional sobre Padrões de Formação, Certificação e Serviço de Quarto para Marítimos, 1978, com modificações subsequentes [International Convention on Standarts of Training, Certification and Watchkeeping for Seafares, 1978, as amended]	28/04/1984	99
11 SUA	Convenção para a Supressão de Atos Ilícitos contra a Segurança da Navegação Marítima, 1988, e seu Protocolo (1988) [Convention for the Suppression of Unlawful Acts Against the Safety of Maritime Navigation, 1988, and its Protocol (1998)]	01/03/1992	92
12 LL	Convenção Internacional das Linhas de Carga, 1966, com modificações subsequentes, e o seu Protocolo (1988) [International Convention on Load Lines, 1966, as amended, and its Protocol (1988)]	21/07/1968	99
13 Tonnage	Convenção Internacional sobre Arqueação de Navios, 1969 [International Convention on Tonnage Measurement of Ships, 1969]	18/07/1982	99

(Quadro 1.1 – conclusão)

Número	Instrumento	Entrada em vigor	
		Data	% da frota
14 CSC	Convenção Internacional sobre a Segurança dos Contêineres, 1972, com as modificações subsequentes [International Convention for Safe Containers, 1972 as amended]	06/09/1977	62
15 Salvage	Convenção Internacional sobre Salvamento Marítimo, 1989 [International Convention on Salvage, 1989]	14/07/1996	38
16 Código ISM	Código Internacional de Gestão para Segurança da Exploração dos Navios e a Prevenção da Poluição [Management Code for the Safe Operation of Ships and Pollution Prevention]	01/12/2009	

Fonte: Stopford, 2017, p. 742-743.

Convenções internacionais

Conforme Gibertoni (2005), as principais convenções internacionais ratificadas pelo Brasil, levando em consideração a ordem de ratificação, tiveram início a partir do Código de Bustamante – Decreto n. 18.871, de 13 de agosto de 1929 (Brasil, 1929) – que promulgou a Convenção de Direito Internacional de Havana.

Nas décadas de 1950 e de 1960, o aumento do transporte marítimo de petróleo acarretou a necessidade da instituição de regras sobre a poluição marítima, tanto que, em 1952, na cidade de Londres, aconteceu a Convenção Internacional para a Prevenção da Poluição por Navios (Oilpol), em que se discutiu a descarga descontrolada de água de lastro oleoso por navios-tanques fora do porto de carga, o que causava poluição no mar e em praias. Com o intuito de prevenir a poluição, a Oilpol instituiu as "zonas proibidas" em 1954 (Stopford, 2017).

Destacamos as principais Convenções da OMI, de acordo com Gibertoni (2005): Convenção Internacional relativa ao Transporte de Passageiros e Bagagens por Mar (1962); Convenção sobre Facilitação do Tráfego Marítimo (1963); Convenção Internacional sobre a Medida de Tonelagem de Navios (1966); Convenção Internacional sobre Linhas de Cargas (1966); Convenção Internacional Relativa à Intervenção em Alto-Mar em Casos de Acidentes de Poluição por Óleo (1969); Convenção Internacional sobre Responsabilidade Civil por Danos de Poluição por Óleo (1969); Acordo Especial sobre Navios de Transporte de Passageiros (1971); Convenção Internacional sobre Contentores (1972); Convenção Internacional para Prevenção de Poluição Marítima por Lixo (1972); Convenção Internacional para Evitar a Poluição por Navios – Marpol (1973); Convenção Internacional para Salvaguarda da Vida Humana no Mar – Solas, atualizada (1974); Convenção sobre a Limitação de Responsabilidade em Reclamações Marítimas (1976); Convenção Internacional sobre a Segurança de Navios Pesqueiros (1977); Convenção Internacional sobre Padrões de Treinamento, Certificação e Serviço de Quarto – STCW (1978); Convenção Internacional sobre Busca e Salvamento Marítimo – SAR (1979); Convenção da Legislação Marítima da ONU (1982).

As convenções da Organização Internacional do Trabalho (OIT), ratificadas pelo Brasil, em matéria de trabalho marítimo, foram promulgadas por meio do Decreto n. 10.088, de 5 de novembro de 2019 (Brasil, 2019b). Transcrevemos, a seguir, as principais convenções na ordem disposta pelo art. 2º do Decreto n. 10.088/2019, começando pela Convenção n. 145, sobre a Continuidade do Emprego da Gente do Mar:

> XLIV – Anexo XLIV – Convenção n. 145 da OIT sobre a Continuidade do Emprego da Gente do Mar (concluída em Genebra, em 28 de outubro de 1976; aprovada pelo Decreto Legislativo n. 66, de 31 de outubro de 1989; depositada a Carta de Ratificação da Convenção em 18 de maio de 1990; entrada em vigor, para o Brasil, em 18 de maio de 1991, na forma de seu artigo 9º, parágrafo 3; e promulgada em 22 de maio de 1991); (Brasil, 2019b)

Convenção n. 147 da OIT, sobre Normas Mínimas da Marinha Mercante:

> XLIX – Anexo XLIX – Convenção n. 147 da OIT sobre Normas Mínimas da Marinha Mercante (adotada em Genebra, em 1976, durante a 62ª Sessão da Conferência Internacional do Trabalho; aprovada pelo Decreto Legislativo n. 33, de 25 de outubro de 1990; depositada a Carta de Ratificação da Convenção em

17 de janeiro de 1991; entrada em vigor, para o Brasil, em 17 de janeiro de 1992, na forma de seu artigo 6º, parágrafo 3; e promulgada em 7 de fevereiro de 1992); (Brasil, 2019b)

Convenção n. 133 da OIT, sobre o Alojamento a Bordo de Navios:

> LIV – Anexo LIV – Convenção n. 133 da OIT sobre Alojamento a Bordo de Navios (concluída em Genebra, em 30 de outubro de 1970; aprovada pelo Decreto Legislativo n. 222, de 12 de dezembro de 1991; depositada a Carta da Ratificação em 16 de abril de 1992; entrada em vigor internacional em 27 de agosto de 1991 e, para o Brasil, em 16 de outubro de 1992, na forma do seu artigo 15; e promulgada em 29 de setembro de 1994); (Brasil, 2019b)

Convenção n. 137 da OIT, sobre as Repercussões Sociais e Novos Métodos de Processamento de Cargas nos Portos:

> LVI – Anexo LVI – Convenção n. 137 da OIT sobre as Repercussões Sociais dos Novos Métodos de Processamento de Carga nos Portos (assinada em Genebra, em 27 de junho de 1973; aprovada pelo Decreto Legislativo n. 29, de 22 de dezembro de 1993; depositada a Carta de Ratificação em 12 de agosto de 1994; entrada em vigor internacional em 24 de julho de 1975 e, para o Brasil, em 12 de agosto de 1995, na forma de seu artigo 9º; e promulgada em 31 de julho de 1995); (Brasil, 2019b)

Convenção n. 126 da OIT, sobre o Alojamento a Bordo dos Navios de Pesca:

> LVIII – Anexo LVIII – Convenção n. 126 da OIT sobre Alojamento a Bordo dos Navios de Pesca (concluída em Genebra, em 21 de junho de 1966; aprovada pelo Decreto Legislativo n. 10, de 9 de fevereiro de 1994; depositada a Carta de Ratificação em 12 de abril de 1994; entrada em vigor internacional em 6 de novembro de 1968 e, para o Brasil, em 12 de abril de 1995, na forma de seu artigo 20; e promulgada em 16 de dezembro de 1997); (Brasil, 2019b)

Convenção n. 163 da OIT, sobre o Bem-Estar dos Trabalhadores Marítimos no Mar e no Porto:

> LXI – Anexo LXI – Convenção n. 163 da OIT sobre o Bem-Estar dos Trabalhadores Marítimos no Mar e no Porto (assinada em Genebra, em 8 de outubro de 1987; aprovada pelo Decreto Legislativo n. 74, de 16 de agosto de 1996; depositado o instrumento de ratificação em 4 de março de 1997; entrada em vigor internacional em 3 de outubro de 1990 e, para o Brasil, em 3 de março de 1998; e promulgada em 15 de julho de 1998); (Brasil, 2019b)

Convenção n. 166 da OIT, sobre a Repatriação dos Trabalhadores Marítimos:

> LXII – Anexo LXII – Convenção n. 166 da OIT sobre a Repatriação dos Trabalhadores Marítimos (revisada; assinada em Genebra,

em 9 de outubro de 1987; aprovada pelo Decreto Legislativo n. 74, de 16 de agosto de 1996; depositado o instrumento de ratificação em 4 de março de 1997; entrada em vigor internacional em 3 de julho de 1991 e, para o Brasil, em 3 de março de 1998; e promulgada em 15 de julho de 1998); (Brasil, 2019b)

Convenção n. 164 da OIT, sobre a Proteção e a Assistência Médica aos Trabalhadores Marítimos:

> LXIII – Anexo LXIII – Convenção n. 164 da OIT sobre a Proteção da Saúde e a Assistência Médica aos Trabalhadores Marítimos (assinada em Genebra, em 8 de outubro de 1987; aprovada pelo Decreto Legislativo n. 74, de 16 de agosto de 1996; depositado o instrumento de ratificação em 4 de março de 1997; entrada em vigor internacional em 11 de janeiro de 1991 e, para o Brasil, em 3 de março de 1998; e promulgada em 15 de julho de 1998); (Brasil, 2019b)

Convenção n. 146 da OIT, sobre Férias Remuneradas Anuais da Gente do Mar:

> LXV – Anexo LXV – Convenção n. 146 da OIT sobre Férias Remuneradas Anuais da Gente do Mar (concluída em Genebra, em 29 de outubro de 1976; aprovada pelo Decreto Legislativo n. 48, de 27 de novembro de 1990; depositado o Instrumento de Ratificação em 24 de setembro de 1998; entrada em vigor internacional em 13 de junho de 1979 e, para o Brasil, em 24 de setembro de 1999; e promulgada em 14 de setembro de 1999); (Brasil, 2019b)

Convenção n. 134 da OIT, sobre a Prevenção de Acidentes de Trabalho dos Marítimos:

> LXVII – Anexo LXVII – Convenção n. 134 da OIT sobre Prevenção de Acidentes de Trabalho dos Marítimos (concluída em Genebra, em 30 de outubro de 1970; aprovada pelo Decreto Legislativo n. 43, de 10 de abril de 1995; depositado o Instrumento de Ratificação em 25 de julho de 1996; entrada em vigor internacional em 17 de fevereiro de 1973 e, para o Brasil, em 25 de julho de 1997, nos termos do § 3º de seu art. 12; e promulgada em 17 de novembro de 1999); (Brasil, 2019b)

Convenção n. 178 da OIT, relativa à Inspeção das Condições de Vida e de Trabalho dos Trabalhadores Marítimos:

> LXXV – Anexo LXXV – Convenção n. 178 da OIT relativa à Inspeção das Condições de Vida e de Trabalho dos Trabalhadores Marítimos (assinada em Genebra, em 22 de outubro de 1996; aprovada pelo Decreto Legislativo n. 267, de 4 de outubro de 2007; depositado pelo Governo brasileiro o instrumento de ratificação junto ao Diretor-Geral da OIT, na qualidade de depositário do ato, em 21 de dezembro de 2007; entrada em vigor para o Brasil, no plano jurídico externo, em 21 de dezembro de 2008, e promulgada em 10 de fevereiro de 2009); (Brasil, 2019b)

Convenção n. 185 da OIT, relativa ao novo Documento de Identidade do Trabalhador Marítimo:

LXXVII – Anexo LXXVII – Convenção n. 185 da OIT (revisada) e anexos que trata do novo Documento de Identidade do Trabalhador Marítimo (adotada durante a 91ª Conferência Internacional do Trabalho, realizada em 2003; aprovada pelo Decreto Legislativo n. 892, de 20 de novembro de 2009; depositado o instrumento de ratificação da Convenção junto ao Diretor-Geral da OIT, na qualidade de depositário do ato, em 21 de janeiro de 2010; ratificação em 21 de janeiro de 2010 que implicou a denúncia da Convenção n. 108 da OIT, de 13 de maio de 1958; entrada em vigor internacional em 9 de fevereiro de 2005 e, para a República Federativa do Brasil, no plano jurídico externo, em 21 de julho de 2010; e promulgada em 18 de dezembro de 2015). (Brasil, 2019b)

O Decreto n. 10.671, de 9 de abril de 2021 (Brasil, 2021a), promulga o texto da Convenção sobre Trabalho Marítimo (CTM), firmado em Genebra, em 7 de fevereiro de 2006: "a Convenção sobre Trabalho Marítimo – CTM, 2006, entrará em vigor para a República Federativa do Brasil, no plano jurídico externo, em 7 de maio de 2021, nos termos de seu artigo VIII, parágrafo 3".

A OIT, conforme o Decreto n. 10.671/2021:

> Determinou que este novo instrumento fosse concebido de forma a assegurar a mais ampla aceitação possível entre os governos, armadores, e gente do mar comprometidos com os princípios de trabalho decente, fosse de fácil atualização e se prestasse a uma efetiva implementação e controle da aplicação. (Brasil, 2021a)

O objetivo geral do Decreto n. 10.671/2021 é "assegurar o direito de toda a gente do mar a um emprego decente" (Brasil, 2021a, Artigo I, item 1), que "gente do mar – significa qualquer pessoa empregada ou contratada ou que trabalha a bordo de um navio ao qual esta Convenção se aplica;" (Brasil, 2021a, Artigo II, item 1, alínea "f").

Ainda, o Decreto n. 10.671/2021 esclarece, em seu Artigo II, sobre contrato de emprego da gente do mar, serviço de contratação e colocação de gente do mar, além de conceituar navio e armador, conforme transcrevemos a seguir:

> Artigo II
>
> [...]
>
> g) contrato de emprego da gente do mar – inclui tanto o contrato de trabalho como artigos do acordo coletivo de trabalho ou do contrato de engajamento de marítimo;
>
> h) serviço de contratação e colocação de gente do mar – significa qualquer pessoa, empresa, instituição, agência ou outro tipo de organização do setor público ou privado que se dedica a recrutar gente do mar em nome de armadores ou à colocação de gente do mar junto a armadores;
>
> i) navio – significa embarcação outra que não navegue exclusivamente em águas interiores ou em águas dentro de ou adjacentes a águas abrigadas ou áreas onde se aplicam os regulamentos portuários; e

j) armador – significa o proprietário do navio ou outra organização ou pessoa, como o gerente, agente ou afretador a casco nu, que houver assumido a responsabilidade pela operação do navio em lugar do proprietário e que, ao assumir tal responsabilidade, se comprometeu a arcar com os deveres e responsabilidades cabíveis a armadores em virtude da presente Convenção, independentemente do fato de outra organização ou pessoa cumprir certos deveres ou responsabilidades em nome do armador. (Brasil, 2021a)

No Artigo III, o Decreto n. 10.671/2021 estabelece os direitos e os princípios fundamentais dos trabalhadores:

Artigo III

Todo Membro certificar-se-á que os dispositivos de sua legislação respeitam, no contexto desta Convenção, os direitos fundamentais referentes à:

a) liberdade de associação e liberdade sindical e o reconhecimento efetivo do direito de negociação coletiva;

b) eliminação de todas as formas de trabalho forçado;

c) efetiva abolição do trabalho infantil; e

d) eliminação de discriminação em matéria de emprego e profissão. (Brasil, 2021a)

Destacamos também o Artigo IV do Decreto n. 10.671/2021, que apresenta os direitos no emprego e os direitos sociais da gente do mar:

Artigo IV

1. Toda gente do mar tem direito a um local de trabalho seguro e protegido no qual se cumpram as normas de segurança.

2. Toda gente do mar tem direito a condições justas de emprego.

3. Toda gente do mar tem direito a condições decentes de trabalho e de vida a bordo.

4. Toda gente do mar tem direito a proteção da saúde, assistência médica, medidas de bem-estar e outras formas de proteção social.

5. Todo Membro assegurará, nos limites de sua jurisdição, que os direitos de emprego e direitos sociais da gente do mar, a que se referem os parágrafos precedentes deste Artigo serão plenamente implementados conforme requer esta Convenção. Salvo disposição em contrário nesta Convenção, essa implementação poderá ser assegurada por meio de leis ou regulamentos nacionais, acordos e convenções coletivas, pela prática ou outras medidas aplicáveis.

Legislação brasileira de direito marítimo

O direito marítimo está presente na legislação brasileira no Código Comercial de 1850 – Lei n. 556, de 25 de junho de 1850 (Brasil, 1850) –, no Código Civil – Lei n. 10.406, de 10 de janeiro de 2002 (Brasil, 2002) – e em decretos e leis específicas que tratam das questões relacionadas a embarcações, acidentes marítimos e outros.

Código Comercial brasileiro de 1850

O Código Comercial brasileiro (Lei n. 556/1850), que disciplina o comércio marítimo a partir da segunda parte, do art. 457 ao art. 796, trata das seguintes matérias: das embarcações; dos proprietários, compartes e caixas de navios; dos capitães ou mestres de navio; do piloto e do contramestre; do ajuste e soldadas dos oficiais e gente da tripulação, seus direitos e obrigações; da natureza e forma do contrato de fretamento e das cartas-partidas; dos conhecimentos; dos direitos e obrigações do fretador e afretador; dos passageiros; do contrato de dinheiro a risco ou câmbio marítimo; da natureza e forma do contrato de seguro marítimo; das coisas que podem ser objeto de seguro marítimo; da avaliação dos objetos seguros; do começo e fim dos riscos; das obrigações recíprocas do segurador e do segurado; das arribadas forçadas; do dano causado por abalroação; do abandono; da natureza e classificação das avarias; da liquidação, da repartição e da contribuição da avaria grossa.

Tribunal Marítimo

Em 1954, foi criado o Tribunal Marítimo no território brasileiro, por meio da Lei n. 2.180, de 5 de fevereiro de 1954 (Brasil, 1954). De acordo com a redação dada pela Lei n. 5.056, de 29 de junho de 1966 (Brasil, 1966):

> Art. 1º O Tribunal Marítimo, com jurisdição em todo o território nacional, órgão, autônomo, auxiliar do Poder Judiciário, vinculado ao Ministério da Marinha no que se refere

ao provimento de pessoal militar e de recursos orçamentários para pessoal e material destinados ao seu funcionamento, tem como atribuições julgar os acidentes e fatos da navegação marítima, fluvial e lacustre e as questões relacionadas com tal atividade, especificadas nesta Lei.

A sede do Tribunal Marítimo está localizada na cidade do Rio de Janeiro, com jurisdição que abrange todos os conflitos marítimos ocorridos no território brasileiro. Quando acontece algum conflito que deve ser resolvido pelo Tribunal Marítimo, o procedimento inicia-se no inquérito administrativo na Capitania dos Portos, autoridade que tem o dever de instaurar a abertura do inquérito, o qual é dirigido para o capitão dos portos.

A decisão proferida em sede administrativa pela Capitania dos Portos nem sempre é ratificada pelo Tribunal Marítimo. O inquérito é similar ao penal, tendo a oitiva de testemunhas e a produção de todos os meios de prova em direito admitidos.

No Tribunal Marítimo, o inquérito é encaminhado para a Procuradoria Especial da Marinha, que o analisará e promoverá a representação ou o arquivamento do caso, e todas as decisões são colegiadas.

O Tribunal Marítimo é composto por juízes especialistas nas áreas de direito internacional, direito marítimo, armação de navios e navegação comercial, capitão de longo curso, capitão do mar e guerra do corpo da armada e capitão do mar e guerra do corpo de engenheiros da marinha (Brasil, 2021a).

Destacamos, a seguir, um exemplo do boletim que é emitido pelo Tribunal Marítimo com a síntese de casos julgados. Na Figura 1.1, há o caso de morte de um tripulante de uma embarcação durante pesca predatória, em que ficou constatada a imperícia e a imprudência do dono da embarcação na atividade de pesca de lagosta (Antaq, 2021b). Apresentamos na íntegra a síntese do processo e a decisão proferida pelo Tribunal marítimo.

Figura 1.1 – Boletim de acidentes no Tribunal Marítimo

Boletim de Acidentes Julgados no Tribunal Marítimo –
Edição – n. 9 de 15 de outubro de 2020.

Acidentes/Fatos da Navegação

N. 41/2020

PROCESSO N.:	ACIDENTE/ FATO:	DATA:	TIPO DA EMBARCAÇÃO:	ATIVIDADE:	LOCAL:	ÁREA NAVEGAÇÃO DO OCORRIDO:	VÍTIMAS:
29.206/ 2014	Morte de pescador	03/06/2014	Barco de pesca	Pesca	Praia de Ponta Grossa, 30 NM do Município de Icapuí – CE	Mar aberto	1 Vítima fatal

SÍNTESE DA OCORRÊNCIA:

Por ocasião da realização de atividade irregular de pesca subaquática de lagosta, aliado ao emprego de material de mergulho inadequado (compressor de ar) e não homologado para a captura de lagostas (Lei n. 9.605/98 e Instrução Normativa n. 138/2006, do IBAMA), um tripulante, na função de mergulhador inabilitado, teve sua vida ceifada por afogamento decorrente de imperícia e imprudência do proprietário da embarcação que durante a pesca predatória expôs a graves riscos a incolumidade e a segurança de seus tripulantes. Não houve danos materiais e nem poluição aquaviária do meio marinho.

(continua)

(Figura 1.1 - continuação)

ENSINAMENTOS COLHIDOS:

1) Para uma navegação segura, é imprescindível que os Comandantes/Condutores de embarcações sejam habilitados e prudentes durante a realização de todas as manobras e trabalhos a bordo para não expor a riscos as vidas e fazendas de bordo.

2) De acordo com o item 0136, NORMAM - 15/DPC:

3) MERGULHADOR PROFISSIONAL - é o Aquaviário do 4° Grupo, tripulante ou não tripulante, com habilitação certificada pela MB. São divididos em Mergulhador Raso e Mergulhador Profundo, como a seguir descrito:

a. Mergulhador Raso (Mergulhador que Opera com Ar Comprimido - MGE) - Mergulhador qualificado para operar até a profundidade de cinquenta metros, empregando o ar comprimido como mistura respiratória, possuidor de diploma do Curso Expedito de Mergulho a Ar com Equipamento Dependente (C-EXP-MARDEP), realizado no Centro de Instrução e Adestramento Almirante Áttila Monteiro Aché (CIAMA), da MB, ou de Curso Básico de Mergulho Raso Profissional realizado em escola de mergulho credenciada pela DPC; e

b. Mergulhador Profundo (Mergulhador que Opera com Mistura Artificial - MGP) - Mergulhador qualificado para operar em profundidades maiores que cinquenta metros, empregando mistura respiratória artificial (MRA), possuidor de diploma do Curso Especial de Mergulho Saturado (C-ESP-MGSAT), realizado no CIAMA, ou Curso Básico de Mergulho Profundo Profissional realizado em escola de mergulho credenciada pela DPC.

4) MERGULHO INDEPENDENTE Aquele em que o suprimento de mistura respiratória é fornecido diretamente da superfície por meio de mangueiras, a partir de compressores ou cilindros de armazenamento de alta pressão.

RECOMENDAÇÕES:

1) É dever de todo Comandante zelar e adotar as medidas de precaução para a completa segurança da embarcação, bem como das atividades nela desenvolvidas, exercidas pela tripulação ou por outras pessoas a bordo, sob pena de infração prevista na Regulamentação da Lei de Segurança do Tráfego Aquaviário e nas normas emitidas pela Autoridade Marítima; e

(Figura 1.1 – conclusão)

2) Conforme estabelece o item 0144 da NORMAM – 15/DPC – MERGULHO PROFISSIONAL (COMERCIAL) A atividade de mergulho profissional (comercial) é efetuada, exclusivamente, por empresa prestadora de serviços de mergulho, cadastrada junto a uma CP, DL ou AG, com o emprego obrigatório de Aquaviários e 4º grupo, no exercício de atribuições diretamente ligadas às atividades subaquáticas, com habilitação certificada pela AMB nas categorias MGE e/ou MGP, de acordo com as características da operação. As habilitações adicionais dos mergulhadores requeridas para tipos de trabalho específicos (fotografia submarina, corte e solda submarinos, ensaios não destrutivos, operação de câmara hiperbárica etc.) são de responsabilidade das empresas de mergulho e devem ser mencionadas nos Planos de Operação e comprovadas durante inspeções nas frentes de trabalho.

Fonte: Brasil, 2020a, p. 4.

Leis específicas

No Brasil, há leis que disciplinam matérias relativas ao direito marítimo. Destacamos a seguir as leis de acordo com o ano que entraram em vigor, bem como a matéria que disciplinam:

- **Lei n. 7.203, de 3 de julho de 1984 (Brasil, 1984a)**: "Dispõe sobre a assistência e salvamento de embarcação, coisa ou bem em perigo no mar, nos portos e nas vias navegáveis interiores";
- **Lei n. 7.273, de 10 de dezembro de 1984 (Brasil, 1984b)**: "Dispõe sobre a Busca e Salvamento de Vida Humana em Perigo no Mar, nos Portos e nas Vias Navegáveis Interiores";
- **Lei n. 7.642 de 18 de dezembro de 1987 (Brasil, 1987)**: "Dispõe sobre a Procuradoria Especial da Marinha – PEM, e dá outras providências";

- **Lei n. 7.652, de 3 de fevereiro de 1988 (Brasil, 1988b)**: "Dispõe sobre o registro de Propriedade Marítima e dá outras providências";
- **Lei n. 8.374, de 30 de dezembro de 1991 (Brasil, 1991b)**: "Dispõe sobre o Seguro Obrigatório de Danos Pessoais causados por embarcações ou por sua carga e dá outras providências";
- **Lei n. 8.617, de 4 de janeiro de 1993 (Brasil, 1993a)**: "Dispõe sobre o mar territorial, a zona contígua, a zona econômica exclusiva e a plataforma continental brasileiros, e dá outras providências";
- **Lei n. 9.051, de 18 de maio de 1995 (Brasil, 1995)**: "Dispõe sobre a expedição de certidões para a defesa de direitos e esclarecimentos de situações";
- **Lei n. 9.432, de 8 de janeiro de 1997 (Brasil, 1997a)**: "Dispõe sobre a ordenação do transporte aquaviário e dá outras providências";
- **Lei n. 9.537, de 11 de dezembro de 1997 (Brasil, 1997b)**: "Dispõe sobre a segurança do tráfego aquaviário em águas sob jurisdição nacional e dá outras providências";
- **Lei n. 9.611, de 19 de fevereiro de 1998 (Brasil, 1998c)**: "Dispõe sobre o Transporte Multimodal de Cargas e dá outras providências";
- Decreto n. 3.411, de 12 de abril de 2000 **(Brasil, 2000)**: "Regulamenta a lei n. 9.611, de 19 de fevereiro de 1998, que dispõe sobre o Transporte Multimodal de Cargas, altera os decretos n. 91.030, de 5 de março de 1985, e 1.910, de 21 de maio de 1996, e dá outras providências";

- **Lei n. 9.605, de 12 de fevereiro de 1998 (Brasil, 1998b)**: "Dispõe sobre as sanções penais e administrativas derivadas de condutas e atividades lesivas ao meio ambiente, e dá outras providências";
- **Decreto n. 5.129, de 6 de julho de 2004 (Brasil, 2004)**: "Dispõe sobre a Patrulha Naval e dá outras providências";
- **Lei n. 11.380, de 1º de dezembro de 2006 (Brasil, 2006)**: "Institui o Registro Temporário Brasileiro para embarcações de pesca estrangeiras arrendadas ou afretadas, a casco nu, por empresas, armadores de pesca ou cooperativas de pesca brasileiras e dá outras providências".

Merecem destaque também: o Código de Processo Civil – Lei n. 13.105, de 16 de março de 2015 (Brasil, 2015a) – que disciplina questões referentes à competência internacional em contratos internacionais, mais especificamente os arts. 21 a 25; e o Código Civil de 2002 – Lei n. 10.406, de 10 de janeiro de 2002 (Brasil, 2002) –, em seus arts. 730 a 733 e 743 a 756, referentes aos contratos de transporte (Martins, 2021).

Além disso, o Código de Defesa do Consumidor (CDC) – Lei n. 8.078, de 11 de setembro de 1990 (Brasil, 1990b) – indica que, para os contratos de transporte de passageiros, a jurisprudência e doutrina admitem a utilização do CDC, e, para dos contratos marítimos, existe divergência na aplicação (Martins, 2021).

Por fim, a Consolidação das Leis do Trabalho – Decreto-Lei n. 5.452, de 1º de maio de 1943 (Brasil, 1943) – regulamenta direitos trabalhistas dos marítimos nos arts. 150 a 152.

— 1.2.2 —
Fontes secundárias

Conforme mencionamos anteriormente, as fontes secundárias do direito marítimo são os princípios gerais do direito, a jurisprudência e os costumes.

Os princípios, segundo Menezes (2015, p. 53), "são valores reconhecidos e consolidados como instrumentos de inspiração para orientação do sentido normativo, tanto no momento da elaboração de novas normas ou de normas derivadas, como no da vigência, execução ou interpretação de normas já existentes".

Como fonte no direito marítimo, podemos adotar os princípios do direito internacional da boa-fé, do contraditório e da ampla defesa, da não intervenção, da obrigação de cooperação dos povos, da igualdade soberana dos Estados, do direito de passagem para navios mercantes, bem como o respeito aos direitos humanos (Mazzuoli, 2019).

A *jurisprudência* pode ser entendida como uma "fonte formal e estatal do direito que expressa o conjunto das decisões reiteradas de juízes e tribunais, as quais formam um padrão interpretativo capaz de inspirar a realização de futuros julgamentos sobre casos similares" (Soares, 2019, p. 82).

O Tribunal Marítimo Internacional, com sede em Hamburgo, julga disputas relacionadas à interpretação ou aplicação da legislação marítima. No Brasil, conforme destacamos anteriormente, para os casos de direito marítimo, há o Tribunal Marítimo com jurisdição nacional, com sede na cidade do Rio de Janeiro.

Por fim, como fonte secundária, há os costumes, que não apresentam forma escrita e surgem do cumprimento obrigatório de deveres jurídicos decorrentes de usos e costumes de determinados locais, comunidades ou Estados. No direito marítimo, os costumes internacionais são os mais utilizados.

— 1.3 —
Mar territorial

De acordo com Guerra (2021, p. 90), "O mar territorial e a zona contígua formam a parte externa do domínio marítimo estatal. O mar territorial é formado pela zona marítima adjacente às águas interiores sobre o qual se exerce a soberania do Estado".

> A definição do mar territorial foi importante para estabelecer os limites jurídicos de exercício dos plenos poderes de jurisdição do Estado e de seu domínio, nos quais ele soberanamente pudesse exercer seu papel de polícia, guarda e segurança, aplicar suas leis de forma plena e executar medidas adjudicatórias; também, para definir os limites exploratórios dos recursos marinhos, sem qualquer intervenção de outro Estado ou da comunidade internacional. (Morandi, citado por Menezes, 2015, p. 91)

Assim, segundo Motta (2010, p. 140), "o regime jurídico da jurisdição sobre as águas territoriais (que abrangem as águas interiores e marítimas territoriais) é estabelecido pela soberania de cada país, embora possa ser objeto de acordo internacional".

Guerra (2019, p. 223) destaca que:

> O artigo 2º da Convenção de Montego Bay dispõe sobre a matéria: "Regime jurídico do mar territorial, seu espaço aéreo sobrejacente, leito e subsolo. 1 – A soberania do Estado costeiro estende-se além do seu território e das suas águas interiores e, no caso de Estado arquipélago, das suas águas arquipelágicas, a uma zona de mar adjacente designada pelo nome de mar territorial. 2 – Esta soberania estende-se ao espaço aéreo sobrejacente ao mar territorial, bem como ao leito e ao subsolo deste mar. 3 – A soberania sobre o mar territorial é exercida de conformidade com a presente Convenção e as demais normas de direito internacional".

A Lei n. 8.617/1993, fruto da ratificação, pelo Brasil, da Convenção de Montego Bay de 1982 – Convenção das Nações Unidas sobre o Direito do Mar (CNUDM) –, dispõe sobre limites, jurisdição e exploração do mar brasileiro (Motta, 2010).

> Outro ponto importante em relação ao mar territorial corresponde ao limite fixado pela Convenção de Montego Bay, de 1982. O artigo 3º estabeleceu que a largura do mar territorial de um Estado não pode exceder a 12 milhas. Essa medida tem produzido grande confusão para os estudiosos do Direito Internacional no Brasil, que comumente apontam a extensão do mar territorial brasileiro em 200 milhas, sendo inclusive objeto de várias questões em concursos públicos. O Brasil adotava no passado, em razão do Decreto-Lei n. 1.098/70, a medida de 200 milhas marítimas para o mar territorial. Como

o estado brasileiro é signatário da Convenção sobre o Direito do Mar, acabou por revogar a mencionada espécie normativa e editou a Lei n. 8.617/93 que estabeleceu o mar territorial com 12 milhas marítimas. (Guerra, 2019, p. 227)

O mar territorial brasileiro compreende uma faixa de milhas marítimas, conforme previsto no art. 1º da Lei n. 8.617/1993, que indica o seguinte:

> Art. 1º O mar territorial brasileiro compreende uma faixa de doze milhas marítima [sic] de largura, medidas a partir da linha de baixa-mar do litoral continental e insular, tal como indicada nas cartas náuticas de grande escala, reconhecidas oficialmente no Brasil.
>
> Parágrafo único. Nos locais em que a costa apresente recorte profundos e reentrâncias ou em que exista uma franja de ilhas ao longo da costa na sua proximidade imediata, será adotado o método das linhas de base retas, ligando pontos apropriados, para o traçado da linha de base, a partir da qual será medida a extensão do mar territorial. (Brasil, 1993a)

Com relação à soberania do Brasil, destacamos o art. 2º da Lei n. 8.617/1993: "A soberania do Brasil estende-se ao mar territorial, ao espaço aéreo sobrejacente, bem como ao seu leito e subsolo" (Brasil, 1993a, art. 2º).

O mar territorial, conforme dispõe o art. 20, inciso VI, da Constituição Federal de 1988 (Brasil, 1988a), é considerado um bem da União.

— 1.3.1 —
Zona econômica exclusiva

Segundo Guerra (2021, p. 93), a "zona econômica exclusiva foi inserida na Convenção sobre o Direito do Mar, de 1982, para atender aos anseios dos Estados costeiros em razão de lhes conferir uma série de direitos em matéria econômica sobre espaços marítimos adjacentes ao mar territorial."

Assim, podemos entender que:

> a zona econômica exclusiva é uma zona situada além do mar territorial e a este adjacente, sujeita ao regime jurídico específico, segundo o qual os direitos e a jurisdição do Estado costeiro e os direitos e liberdades dos demais Estados são regidos pelas disposições pertinentes da Convenção de 1982. (Guerra, 2021, p. 93)

A Lei n. 8.617/1993 indica, no art. 6º, que: "A zona econômica exclusiva brasileira compreende uma faixa que se estende das doze às duzentas milhas marítimas, contadas a partir das linhas de base que servem para medir a largura do mar territorial" (Brasil, 1993a, art. 6º).

O art. 7º da Lei n. 8.617/1993 prevê o seguinte:

> Art. 7º Na zona econômica exclusiva, o Brasil tem direitos de soberania para fins de exploração e aproveitamento, conservação e gestão dos recursos naturais, vivos ou não vivos, das águas sobrejacentes ao leito do mar, do leito do mar e seu

subsolo, e no que se refere a outras atividades com vistas à exploração e ao aproveitamento da zona para fins econômicos.

É importante destacar que:

> Em razão do reconhecimento da zona econômica exclusiva, o Estado costeiro poderá realizar vários direitos de soberania, tais como:
>
> a) direitos de soberania para fins de exploração e aproveitamento, conservação e gestão dos recursos naturais, vivos ou não vivos, das águas sobrejacentes ao leito do mar, do leito do mar e seu subsolo e no que se refere a outras atividades com vista à exploração e aproveitamento da zona para fins econômicos, como a produção de energia a partir da água, das correntes e dos ventos;
>
> b) jurisdição no que se refere à colocação e utilização de ilhas artificiais, instalações e estruturas; investigação científica marinha; proteção e preservação do meio marinho;
>
> c) outros direitos e deveres previstos na Convenção. (Guerra, 2021, p. 93)

— 1.3.2 —
Zona contígua

A zona contígua surgiu, de acordo com Guerra (2021, p. 92),

> principalmente por interesses econômicos. Há autores que apontam sua origem à Inglaterra do século XVIII, que permitia,

como exceção à liberdade do alto-mar, que os navios do país exercessem um controle aduaneiro sobre os navios suspeitos que estivessem navegando fora das águas territoriais da Inglaterra.

Segundo a Lei n. 8.617/1993:

> Art. 4º A zona contígua brasileira compreende uma faixa que se estende das doze às vinte e quatro milhas marítimas, contadas a partir das linhas de base que servem para medir a largura do mar territorial.
>
> Art. 5º Na zona contígua, o Brasil poderá tomar as medidas de fiscalização necessárias para:
>
> I – evitar as infrações às leis e aos regulamentos aduaneiros, fiscais, de imigração ou sanitários, no seu territórios, ou no seu mar territorial;
>
> II – reprimir as infrações às leis e aos regulamentos, no seu território ou no seu mar territorial. (Brasil, 1993a)

Portanto, na zona contígua, o Brasil exerce apenas alguns atos, como, conforme dispõe o art. 5º da Lei n. 8.617/1993, reportar-se a questões de imigração, aduaneiras e sanitárias. Podemos entender que, na zona contígua, propriamente, não existe jurisdição nacional, mas sim atos de fiscalização que possam impedir a entrada de embarcações e navios estrangeiros indesejados (Motta, 2010).

— 1.3.3 —
Direito de passagem

O direito de passagem está previsto no art. 3º da Lei n. 8.617/1993, que dispõe o seguinte:

> Art. 3º É reconhecido aos navios de todas as nacionalidades o direito de passagem inocente no mar territorial brasileiro.
>
> § 1º A passagem será considerada inocente desde que não seja prejudicial à paz, à boa ordem ou à segurança do Brasil, devendo ser contínua e rápida.
>
> § 2º A passagem inocente poderá compreender o parar e o fundear, mas apenas na medida em que tais procedimentos constituam incidentes comuns de navegação ou sejam impostos por motivos de força ou por dificuldade grave, ou tenham por fim prestar auxílio a pessoas a navios ou aeronaves em perigo ou em dificuldade grave.
>
> § 3º Os navios estrangeiros no mar territorial brasileiro estarão sujeitos aos regulamentos estabelecidos pelo Governo brasileiro. (Brasil, 1993a)

A Convenção Internacional de Montego Bay disciplina também a questão do direito de passagem nos Artigos 17 a 26, sendo que, de acordo com Guerra (2019, p. 224), o Artigo 17 indica "Direito de passagem inofensiva. Salvo disposição em contrário da presente Convenção, os navios de qualquer Estado, costeiro ou sem litoral, gozarão do direito de passagem inofensiva pelo mar territorial".

Em relação ao direito de passagem, os Artigos 18 e 19 da Convenção Internacional de Montego Bay dispõem que:

> Artigo 18 – Passagem significa a navegação pelo mar territorial com o fim de:
>
> a) Atravessar esse mar sem penetrar nas águas interiores nem fazer escala num ancoradouro ou instalação portuária situada fora das águas interiores;
>
> b) Dirigir-se para as águas interiores ou delas sair ou fazer escala num desses ancoradouros ou instalações portuárias.
>
> Artigo 19 – Significado de passagem inofensiva
>
> 1 – A passagem é inofensiva desde que não seja prejudicial à paz, à boa ordem ou à segurança do Estado costeiro. A passagem deve efetuar-se de conformidade com a presente Convenção e demais normas de direito internacional.
>
> 2 – A passagem de um navio estrangeiro será considerada prejudicial à paz, à boa ordem ou à segurança do Estado costeiro, se esse navio realizar, no mar territorial, alguma das seguintes atividades:
>
> a) Qualquer ameaça ou uso da força contra a soberania, a integridade territorial ou a independência política do Estado costeiro ou qualquer outra ação em violação dos princípios de direito internacional enunciados na Carta das Nações Unidas;
>
> b) Qualquer exercício ou manobra com armas de qualquer tipo;
>
> c) Qualquer ato destinado a obter informações em prejuízo da defesa ou da segurança do Estado costeiro;

d) Qualquer ato de propaganda destinado a atentar contra a defesa ou a segurança do Estado costeiro;

e) O lançamento, pouso ou recebimento a bordo de qualquer aeronave;

f) O lançamento, pouso ou recebimento a bordo de qualquer dispositivo militar;

g) O embarque ou desembarque de qualquer produto, moeda ou pessoa com violação das leis e regulamentos aduaneiros, fiscais, de imigração ou sanitários do Estado costeiro;

h) Qualquer ato intencional e grave de poluição contrário à presente Convenção;

i) Qualquer atividade de pesca;

j) A realização de atividades de investigação ou de levantamentos hidrográficos;

k) Qualquer ato destinado a perturbar quaisquer sistemas de comunicação ou quaisquer outros serviços ou instalações do Estado costeiro;

l) Qualquer outra atividade que não esteja diretamente relacionada com a passagem. (Guerra, 2019, p. 224)

— 1.3.4 —
Plataforma continental

Conforme Guerra (2019, p. 229), a "plataforma continental pode ter centenas de quilômetros de largura, como no caso das Guianas, e em outros casos não cobrir mais do que um quilômetro ou mesmo não existir, a exemplo da costa ocidental da Córsega, costa dos Alpes, costas andinas".

> A Convenção sobre o Direito do Mar de 1982 apresenta em seu artigo 76 o conceito para plataforma continental: "A plataforma continental de um Estado costeiro compreende o leito e o subsolo das áreas submarinas que se estendem além do seu mar territorial, em toda a extensão do prolongamento natural do seu território terrestre, até ao bordo exterior da margem continental ou até uma distância de 200 milhas marítimas das linhas de base a partir das quais se mede a largura do mar territorial, nos casos em que o bordo exterior da margem continental não atinja essa distância". (Guerra, 2019, p. 230)

No Brasil, a Lei n. 8.617/1993 indica que:

> Art. 11. A plataforma continental do Brasil compreende o leito e o subsolo das áreas submarinas que se estendem além do seu mar territorial, em toda a extensão do prolongamento natural de seu território terrestre, até o bordo exterior da margem continental, ou até uma distância de duzentas milhas marítimas das linhas de base, a partir das quais se mede a largura do mar territorial, nos casos em que o bordo exterior da margem continental não atinja essa distância.
>
> [...]
>
> Art. 12. O Brasil exerce direitos de soberania sobre a plataforma continental, para efeitos de exploração dos recursos naturais.

> Parágrafo único. Os recursos naturais a que se refere o caput são os recursos minerais e outros não vivos do leito do mar e subsolo, bem como os organismos vivos pertencentes a espécies sedentárias, isto é, àquelas que no período de captura estão imóveis no leito do mar ou no seu subsolo, ou que só podem mover-se em constante contato físico com esse leito ou subsolo. (Brasil, 1993a)

Além disso, consideramos importante transcrever os arts. 13 e 14 Lei n. 8.617/1993:

> Art. 13. Na plataforma continental, o Brasil, no exercício de sua jurisdição, tem o direito exclusivo de regulamentar a investigação científica marinha, a proteção e preservação do meio marinho, bem como a construção, operação e o uso de todos os tipos de ilhas artificiais, instalações e estruturas.
>
> § 1º A investigação científica marinha, na plataforma continental, só poderá ser conduzida por outros Estados com o consentimento prévio do Governo brasileiro, nos termos da legislação em vigor que regula a matéria.
>
> § 2º O Governo brasileiro tem o direito exclusivo de autorizar e regulamentar as perfurações na plataforma continental, quaisquer que sejam os seus fins.
>
> Art. 14. É reconhecido a todos os Estados o direito de colocar cabos e dutos na plataforma continental.
>
> § 1º O traçado da linha para a colocação de tais cabos e dutos na plataforma continental dependerá do consentimento do Governo brasileiro.

> § 2º O Governo brasileiro poderá estabelecer condições para a colocação dos cabos e dutos que penetrem seu território ou seu mar territorial. (Brasil, 1993a)

Assim, podemos entender que "na plataforma continental a soberania do Brasil é limitada à exploração dos recursos minerais" (Motta, 2010, p. 141).

De acordo com Guerra (2021, p. 94):

> Em síntese apertada, verifica-se que a plataforma do Estado costeiro compreende o leito e o subsolo das áreas submarinas (continentais ou insulares) além do seu mar territorial até, em princípio, uma distância de 200 milhas marítimas. A Convenção admite, porém, uma extensão maior (até ou além de 350 milhas marítimas).

Guerra (2019, p. 231-232) ainda destaca que:

> Impende ainda assinalar que a Convenção estabeleceu vários direitos do Estado costeiro sobre a plataforma continental. São eles: direitos de soberania sobre a plataforma continental para efeitos de exploração e aproveitamento dos seus recursos naturais; direitos relativos aos recursos naturais, sejam eles minerais e outros recursos não vivos do leito do mar e subsolo, bem como os organismos vivos pertencentes a espécies sedentárias, isto é, aquelas que no período de captura estão imóveis

no leito do mar ou no seu subsolo ou só podem mover-se em constante contato físico com esse leito ou subsolo. Poderão ainda colocar cabos e dutos submarinos na plataforma continental. Todavia, os direitos do Estado costeiro sobre a plataforma continental não podem afetar o regime jurídico das águas sobrejacentes do espaço aéreo acima dessas águas, bem como não deve afetar a navegação ou outros direitos e liberdades dos demais Estados previstos na Convenção.

— 1.3.5 —
Amazônia Azul

O Brasil, segundo Pereira (2019), "Com 7,4 mil quilômetros de costa, o Brasil tem, sob sua jurisdição, 3,5 milhões de quilômetros quadrados (km^2) de espaço marítimo", contendo "riquezas naturais e minerais abundantes", chamada de *Amazônia Azul*, tendo em vista a comparação com a Floresta Amazônica.

Conforme Guerra (2019, p. 244):

> O termo Amazônia Azul surgiu a partir da ideia difundida pelo Almirante de Esquadra Roberto Guimarães Carvalho, então Comandante da Marinha, que, em 2004, batizou o mar que nos circunda e enfatizou que "toda riqueza acaba por tornar-se objeto de cobiça, impondo ao detentor o ônus da proteção".

Tratando-se de recursos naturais, a questão adquire conotações de soberania nacional, envolvendo políticas adequadas, que não se limitam, mas incluem, necessariamente, a defesa daqueles recursos. Nesse contexto, a Amazônia brasileira, com mais de 4 milhões de km2, abrigando parcela considerável da água doce do planeta, reservas minerais de toda ordem e a maior biodiversidade da Terra, tornou-se riqueza conspícua o suficiente para, após a percepção de que se poderiam desenvolver ameaças à soberania nacional, receber a atenção dos formuladores da política nacional.

Diante da possibilidade de ameaças à soberania nacional, visto que a Amazônia brasileira contempla parcela considerável da água doce do planeta, reservas minerais de toda ordem e a maior biodiversidade da Terra, começou-se a pensar na formulação da política nacional para regular esses aspectos (Guerra, 2019).

A extração do petróleo e gás, a navegação, o turismo, a pesca e a geração de energia são importantes para a geração de empregos e para a economia brasileira. Além disso:

> Na área da Amazônia Azul estão as reservas do pré-sal e dele se retira cerca de 85% do petróleo, 75% do gás natural e 45% do pescado produzido no país. Via rotas marítimas são escoados mais de 95% do comércio exterior brasileiro. Nessa área existem recursos naturais e uma rica biodiversidade ainda inexplorados. (Pereira, 2019)

— 1.3.6 —
Embarcações marítimas e navios

As embarcações, conforme Gibertoni (2005), não são consideradas navios, visto que são simplesmente coisas móveis, sem qualquer peculiaridade, embora apresentem registro no Tribunal Marítimo e sejam inscritas na Capitania dos Portos.

Conforme a Lei n. 9.537/1997, considera-se *embarcação*

> qualquer construção, inclusive as plataformas flutuantes e, quando rebocadas, as fixas, sujeita a inscrição na autoridade marítima e suscetível de se locomover na água, por meios próprios ou não, transportando pessoas ou cargas. (Brasil, 1997b, art. 2º, V)

Figura 1.2 – Embarcação em locomoção

Observe, a seguir, uma embarcação em alto mar, que transporta tripulantes que trabalham em pesquisas de exploração de petróleo.

Figura 1.3 – Interior de uma embarcação

Há diferentes tipos de embarcação. A seguir, ilustramos uma embarcação com a finalidade de lazer.

Figura 1.4 – Embarcação para lazer

De acordo com o art. 460 do Código Comercial brasileiro, Lei n. 556/1850:

> Art. 460. Toda embarcação brasileira destinada à navegação do alto mar, com exceção somente das que se empregarem exclusivamente nas pescarias das costas, deve ser registrada no Tribunal do Comércio do domicílio do seu proprietário ostensivo ou armador (artigo n. 484), e sem constar do registro não será admitida a despacho. (Brasil, 1850)

Levando-se em consideração o descrito no art. 2º, inciso XIV, da Lei n. 9.537/1997, considera-se plataforma a instalação ou estrutura, fixa ou flutuante, destinada às atividades direta ou indiretamente relacionadas à pesquisa, à exploração e à exploração de recursos oriundos do leito das águas interiores e seu subsolo ou do mar, inclusive da plataforma continental e de seu subsolo.

Figura 1.5 – Plataforma em alto-mar

Tatiana Lazzaretti Zempulski

Com relação às plataformas de petróleo *off-shore* (localizadas além do mar territorial brasileiro), aplica-se a jurisdição brasileira plena sobre todas as embarcações nacionais, onde quer que elas se encontrem, mesmo além do mar territorial (Motta, 2010).

Navios

Segundo Gibertoni (2005, p. 47-48), *navio* "é toda embarcação destinada à navegação marítima, fluvial ou lacustre, dotada ou não de propulsão própria, mas que realize o percurso sobre as águas, transportando para qualquer fim, pessoas ou coisas".

Mostramos, a seguir, vários tipos de navios mercantes. Primeiramente, apresentamos um navio de carga geral, que transporta em seu interior espécies diversificadas de cargas;

na sequência, indicamos alguns navios-tanque. Por fim, selecionamos uma imagem de um navio graneleiro de grãos, atracado no Porto de Valência, aguardando o embarque de grãos.

Figura 1.6 – Navio de carga geral em alto-mar

Figura 1.7 – Navio-tanque

Figura 1.8 – Navio cargueiro de grãos

Figura 1.9 – Navio graneleiro

Gibertoni (2005, p. 49) observa que "o navio é coisa móvel *sui generis*, sujeitando-se ao regime dos bens imóveis somente por expressa determinação legal, como no caso do art. 478 do Código Comercial brasileiro e da Lei 7.652/88 que dispõe sobre o registro de propriedade marítima".

Consideramos importante transcrever o art. 478 do Código Comercial brasileiro, instituído pela Lei n. 556/1850:

> Art. 478. Ainda que as embarcações sejam reputadas bens móveis, contudo, nas vendas judiciais, se guardarão as regras que as leis prescrevem para as arrematações dos bens de raiz; devendo as ditas vendas, além da afixação dos editais nos lugares públicos, e particularmente nas praças do comércio, ser publicadas por três anúncios insertos, com o intervalo de 8 (oito) dias, nos jornais do lugar, que habitualmente publicarem anúncios, e, não os havendo, nos do lugar mais vizinho.
>
> Nas mesmas vendas, as custas judiciais do processo da execução e arrematação preferem a todos os créditos privilegiados. (Brasil, 1850)

Assim, segundo Martins (2013, p. 125), "o navio adquire as características de um bem imóvel, essencialmente no que tange à hipótese de hipoteca naval e aos trâmites relativos a registro e transferência de propriedade do navio e venda judicial".

Os navios podem ser para transporte de pessoas e para transporte de cargas, sendo definidos de acordo com o tipo de carga, o tipo de operação de transporte marítimo e a filosofia comercial (Stopford, 2017).

Observe, na figura a seguir, um navio de transporte de pessoas.

Figura 1.10 – Navio de transporte de pessoas (cruzeiro)

Com relação aos navios conforme o tipo de carga, Stopford (2017, p. 627) indica que:

> As propriedades físicas e comerciais da carga a ser transportada impõem os limites aos tipos de navios que podem ser potencialmente usados na operação de transporte. Num número limitado de casos, como o do gás natural liquefeito ou do lixo nuclear, a carga exige um tipo de navio específico e a escolha do proprietário de navios é limitada ao projeto geral e às características operacionais, como a velocidade e a tripulação. Contudo, para a maioria das cargas, o proprietário de navios pode escolher entre vários tipos de navios. O petróleo bruto pode ser transportado em navio-tanque especializado ou navio combinado; a carga a granel pode ser transportada

em navio graneleiro convencional, navio graneleiro de porão corrido [open-hold bulk carrier] ou navio combinado; os contêineres vão em navio porta-contêineres, navio de cobertas, navio MPP ou navio ro-ro.

Se for utilizado o critério do tipo de transporte marítimo, ainda de acordo com Stopford (2017, p. 627):

> Existem diferentes tipos de operações de transporte marítimo, por exemplo: os afretamentos de longo prazo, em que o proprietário de navios tem algum conhecimento dado pelo afretador sobre as cargas a serem transportadas e os portos a serem utilizados; as operações de afretamento em mercado aberto, em que o proprietário tem somente uma ideia geral do tipo de carga a ser transportada e nenhum conhecimento dos portos a escalar; e as operações de linhas regulares, em que o proprietário tem um conhecimento específico dos portos a escalar e do volume de carga provável, mas ambos podem mudar durante a vida operacional do navio. É provável que os critérios de projeto para um proprietário de navios que escolha um navio para um afretamento a tempo de longo prazo sejam bastante diferentes daqueles escolhidos por um proprietário que tenha como objetivo operar no mercado aberto. Por exemplo, o primeiro está preocupado com a otimização do navio para uma operação específica, enquanto o último está mais preocupado com fatores como a aceitação do navio pelos afretadores e o seu valor de revenda em curto prazo.

Há, também, o critério da filosofia comercial:

> A forma como o proprietário de navios ou a companhia de navegação aborda o negócio pode aumentar ou limitar a gama de opções. Por exemplo, uma companhia de navegação pode preferir navios que são altamente flexíveis e servem diferentes mercados e, portanto, reduzem o risco. Essa filosofia pode conduzir o proprietário de navios a preferir um navio de porão corrido mais caro, que pode transportar carga a granel sólida e contêineres. Outro proprietário pode seguir uma política de especialização, preferindo um navio que é projetado em todos os aspectos para o transporte eficiente de uma única carga, oferecendo uma maior eficiência ou custos mais baixos, mas a um preço de menor flexibilidade. (Stopford, 2017, p. 627)

Os navios para transporte de cargas em geral, ou especializados, como navios *roll-on e roll-off* (conhecidos por transportarem contêineres e automóveis, contam com rampas de acesso, e são adequados para cargas que deslizam sobre rodas); navios frigoríficos (transportam cargas perecíveis); navios para transporte de petróleo – *oil carriers*; navios para transporte de graneleiros, e outros (Motta, 2010).

Figura 1.11 – Navio de contêineres

Os navios podem ser classificados como:

- navios de carga;
- navios de petróleo e de gás *offshore*;
- navios não cargueiros.

Os navios cargueiros podem ser divididos em (Stopford, 2017):

- navios de transporte de carga geral;
- navios de transporte de granel sólido;
- navio de transporte de gás liquefeito;
- navio de transporte de petróleo e de produtos químicos.

Os navios mercantes podem ser classificados de acordo com o tipo de casco, "por exemplo, os navios-tanques têm tanques, os navios graneleiros têm porões e os navios transportadores de veículos possuem múltiplos pavimentos concebidos para transportar tantos carros quanto possível" (Stopford, 2017, p. 627).

Ainda, deve-se considerar que "as restrições das dimensões nos terminais e em vias navegáveis, como o Canal do Panamá, dividem os navios de determinados tipos em segmentos" (Stopford, 2017, p. 627).

— 1.4 —
Sujeitos do direito marítimo

Os sujeitos do direito marítimo, que serão analisados nesta seção, são: armador; aquaviário; comandante; passageiro; proprietário; profissional não tripulante; tripulação de segurança; tripulante; e afretador.

De acordo com a Lei n. 9.537/1997, *armador* é a "pessoa física ou jurídica que, em seu nome e sob sua responsabilidade, apresta a embarcação com fins comerciais, pondo-a ou não a navegar por sua conta" (Brasil, 1997b, art. 2º, III).

Comandante é o "tripulante responsável pela operação e manutenção de embarcação, em condições de segurança, extensivas à carga, aos tripulantes e às demais pessoas a bordo" (Brasil, 1997b, art. 2º, IV).

Aquaviário é a pessoa "com habilitação certificada pela autoridade marítima para operar embarcações em caráter profissional" (Brasil, 1997b, art. 2º, II).

Prático é o profissional "aquaviário não tripulante que presta serviços de praticagem embarcado" (Brasil, 1997b, art. 2º, XV).

Passageiro, segundo a Lei n. 9.537/1997, art. 2º, inciso XIII, é a pessoa que não faz parte da tripulação e não presta serviços profissionais a bordo, mas é transportado pela embarcação.

Profissional não tripulante é quem "presta serviços eventuais a bordo" (Brasil, 1997b, art. 2º, XVI).

Proprietário é a "pessoa física ou jurídica, em nome de quem a propriedade da embarcação é inscrita na autoridade marítima e, quando legalmente exigido, no Tribunal Marítimo" (Lei n. 9.537/1997, art. 2º, XVII).

Tripulação de segurança são os profissionais que representam a "quantidade mínima de tripulantes necessária a operar, com segurança, a embarcação" (Brasil, 1997b, art. 2º, XIX).

Tripulante é o "aquaviário ou amador que exerce funções, embarcado, na operação da embarcação" (Brasil, 1997b, art. 2º, XX).

Por fim, o *afretador*, conforme o Decreto n. 87.648, de 24 de setembro de 1982 (Brasil, 1982a, art. 17), é a pessoa física ou jurídica que "recebe a embarcação em fretamento para explorá-la numa das formas de utilização previstas pelo Direito Marítimo".

— 1.4.1 —
Trabalhador marítimo

Os *trabalhadores marítimos*, conforme previsto no art. 1º do Decreto n. 2.596, de 18 de maio de 1998 (Brasil, 1998a), são "os tripulantes que operam embarcações classificadas para a navegação em mar aberto, apoio marítimo, apoio portuário e para a navegação interior nos canais, lagoas, baías, angras, enseadas e áreas marítimas consideradas abrigadas".

> O Tribunal Superior do Trabalho (TST) julga constantemente casos relacionados à aplicabilidade de leis aos empregados de embarcações. A jurisprudência de sete das oito turmas do TST em relação ao tema, nos termos do art. 3º da Lei n. 7.064, de 6 de dezembro de 1982 (Brasil, 1982b), é de aplicar a legislação brasileira de proteção ao trabalho quando esta for mais favorável do que a legislação territorial, no conjunto de normas e em relação a cada matéria. (Conrado, 2019)

No ajuizamento de ação por trabalhador marítimo, de acordo com decisão do TST, deve ser considerado o local da prestação de serviços:

> RECURSO DE REVISTA INTERPOSTO PELA RECLAMADA. INCOMPETÊNCIA TERRITORIAL. RECLAMAÇÃO TRABALHISTA AJUIZADA NO FORO DO DOMICÍLIO DO RECLAMANTE. NÃO COINCIDÊNCIA COM O LOCAL DA CONTRATAÇÃO E DA PRESTAÇÃO DOS SERVIÇOS. 1. Trata-se de reclamatória trabalhista

ajuizada no foro do domicílio do reclamante, Município de Rio Grande/RS, local diverso da sua contratação, Município de Macaé/RJ, e da prestação de serviços, diversas cidades localizadas na área da Bacia de Campos. 2. A controvérsia se refere justamente à competência territorial, isto é, a possibilidade de ajuizamento da reclamatória no foro do domicílio do reclamante, trabalhador marítimo, o qual, conforme suso mencionado, não corresponde ao local da sua contratação, tampouco da prestação dos serviços. 3. É consabido que a competência territorial no dissídio individual proveniente da relação de trabalho é disciplinada no art. 651 da CLT, sendo determinada, em regra, pelo local da prestação dos serviços, e, excepcionalmente, pelo local da contratação. 4. Por outro lado, os critérios alusivos à competência territorial têm sido flexibilizados pela jurisprudência trabalhista, em situações excepcionais, a fim de observar o princípio do acesso ao Poder Judiciário, insculpido no art. 5º, XXXV, da CF. 5. In casu, o Regional entendeu ser competente para o julgamento da presente demanda a 3ª Vara do Trabalho de Rio Grande/RS, local de domicílio do reclamante, ao fundamento de que não se mostrava razoável impor-lhe o deslocamento de mais de 2.100 quilômetros para a cidade de Macaé/RJ, local da contratação, para buscar a satisfação dos direitos postulados. 6. Ora, não obstante os critérios alusivos à competência territorial possam ser flexibilizados, conforme supramencionado, na hipótese vertente não se divisa situação excepcional, tampouco dissídio individual atípico, capaz de amparar o deslocamento da competência para o domicílio do reclamante. 7. Com efeito, além de o local da prestação de serviços e da contratação não coincidirem com o domicílio do reclamante, nem a reclamada ter atuação em âmbito nacional, o que daria suporte para o reconhecimento da competência territorial no domicílio do reclamante, nunca houve prestação de serviços no mencionado domicílio, a rechaçar o deslocamento da competência territorial. 8. Logo, tendo em vista norma legal específica no Processo do Trabalho (CLT, art. 651, § 3º), não estando configurada hipótese que inviabilizaria o acesso do reclamante ao Poder Judiciário, acrescido ao fato de que, por ocasião da contratação, o reclamante se encontrava a trabalho no Rio de Janeiro, ou seja, na Unidade da Federação onde ocorreu a contratação, tem-se pela competência territorial o referido local e não o domicílio do reclamante, à luz do entendimento do órgão de uniformização jurisprudencial interna corporis desta Corte Superior, a SDI-1. Recurso de revista conhecido e provido. (TST, 2020a)

Com relação ao trabalhador marítimo que presta serviços em navios estrangeiros de cruzeiros marítimos, mas foi contratado no Brasil, aplica-se a lei brasileira nesses casos. Transcrevemos, a seguir, uma recente decisão proferida pelo TST:

> AGRAVO DE INSTRUMENTO EM RECURSO DE REVISTA. RECURSO REGIDO PELO CPC/2015, PELA INSTRUÇÃO NORMATIVA N. 40/2016 DO TST E PELA LEI N. 13.467/2017. CONTRATO INTERNACIONAL DE TRABALHO FIRMADO NO BRASIL. TRABALHO A BORDO DE NAVIO DE CRUZEIROS MARÍTIMOS NO BRASIL E NO EXTERIOR. LEGISLAÇÃO APLICÁVEL. No caso dos autos, é inafastável a jurisdição nacional, nos termos do artigo 651, § 2º, da CLT, pois a reclamante, brasileira, foi contratada no Brasil para prestar serviços a bordo

de embarcação estrangeira, percorrendo tanto águas brasileiras quanto estrangeiras. Por outro lado, salienta-se que, com o cancelamento da Súmula n. 207 do TST pela Res. 181/2012, DEJT de 19, 20 e 23/4/2012, consolidou-se, neste Tribunal, o entendimento de que a Lei n. 7.064/82 assegura ao empregado brasileiro que labora no exterior a aplicação da legislação brasileira de proteção ao trabalho sempre que ficar evidenciado ser essa mais favorável que a legislação territorial, nos termos do artigo 3º, inciso II, da Lei n. 7.064/82. Desse modo, não remanesce nenhum impedimento à aplicação da legislação do Brasil, naquilo que for mais favorável à reclamante. Acrescenta-se, que, embora o Direito Internacional entenda pela aplicação da "Lei do pavilhão" ao trabalho realizado preponderantemente em alto-mar, com a aplicação da legislação do país no qual está matriculada a embarcação, essa regra não é absoluta, comportando, pois, exceções. Com efeito, em decorrência do princípio do Centro de Gravidade (most significant relationship), é possível afastar a aplicação das regras de Direito Internacional Privado quando a relação laboral possuir vínculo consideravelmente mais forte com outro ordenamento jurídico. Trata-se da denominada "válvula de escape", que permite ao juiz decidir qual legislação deve ser aplicada ao caso concreto. Acrescenta-se que a aplicação da legislação brasileira aos empregados brasileiros, por ser mais benéfica a eles, não afronta o princípio da isonomia. A aplicação de distintos diplomas jurídicos a empregados brasileiros e outros trabalhadores estrangeiros não encerra discriminação entre nacionalidades, eis que fundada em aspectos objetivos da relação laboral – no caso, empregada contratada no Brasil para trabalhar também em águas nacionais – e não em critério subjetivo do trabalhador. Nesse contexto, diante das circunstâncias do caso concreto, o princípio do centro de gravidade da relação jurídica e o princípio da norma mais favorável atraem a aplicação da legislação brasileira, tal como decidido pelo Regional. Precedentes da SbDI-1 e Turmas desta Corte Superior. Ademais, como argumento de reforço da fundamentação já expendida, conforme registrado pelo ilustre representante do Ministério Público do Trabalho em parecer oral colhido em sessão, neste caso, as premissas fáticas demonstram, de forma incontroversa, que houve uma prevalência da prestação do trabalho em águas de jurisdição brasileira. Agravo de instrumento desprovido. (TST, 2021a)

É interessante a decisão sobre a aplicação da legislação brasileira mais favorável, tendo a reclamada requerido a aplicação da Lei do Pavilhão (Código de Bustamante, Decreto n. 18.871/1929) e a MLC (Convenção do Trabalho Marítimo) utilizada no país da bandeira da embarcação (Malta) e no país sede da empregadora (Bahamas). No entanto, o TST decidiu pela aplicação da legislação brasileira mais favorável. Confira a ementa da decisão judicial proferida:

> EMPREGADO CONTRATADO NO BRASIL. LABOR EM NAVIO DE CRUZEIRO INTERNACIONAL. LEGISLAÇÃO APLICÁVEL. 1 – Há transcendência política quando se verifica em exame preliminar o desrespeito à jurisprudência majoritária do TST quanto ao tema decidido no acordão recorrido. 2 – Aconselhável o provimento do agravo de instrumento para melhor exame do recurso de revista quanto à provável divergência

jurisprudencial. 3 - Agravo de instrumento a que se dá provimento. II - RECURSO DE REVISTA. RECLAMANTE. LEIS NOS 13.015/2014 E 13.467/2017. IN N. 40 DO TST EMPREGADO CONTRATADO NO BRASIL. LABOR EM NAVIO DE CRUZEIRO INTERNACIONAL. LEGISLAÇÃO APLICÁVEL. 1 - A tese vinculante do STF no julgamento do RE 636.331/RJ (Repercussão Geral - Tema 2010) não tratou de Direito do Trabalho, e sim de extravio de bagagem de passageiro: "Nos termos do art. 178 da Constituição da República, as normas e os tratados internacionais limitadores da responsabilidade das transportadoras aéreas de passageiros, especialmente as Convenções de Varsóvia e Montreal, têm prevalência em relação ao Código de Defesa do Consumidor". 2 - A jurisprudência majoritária do TST (sete das oito Turmas), quanto à hipótese de trabalhador brasileiro contratado para desenvolver suas atividades em navios estrangeiros em percursos em águas nacionais e internacionais, é de que nos termos do art. 3º, II, da Lei n. 7.064/82, aos trabalhadores nacionais contratados no País ou transferidos do País para trabalhar no exterior, aplica-se a legislação brasileira de proteção ao trabalho naquilo que não for incompatível com o diploma normativo especial, quando for mais favorável do que a legislação territorial estrangeira. 3 - O Pleno do TST cancelou a Súmula n. 207 porque a tese de que "A relação jurídica trabalhista é regida pelas leis vigentes no país da prestação de serviço e não por aquelas do local da contratação" não espelhava a evolução legislativa, doutrinária e jurisprudencial sobre a matéria. E após o cancelamento da Súmula n. 207 do TST, a jurisprudência majoritária se encaminhou para a conclusão de que somente em princípio, à luz do Código de Bustamante, também conhecido como "Lei do

Pavilhão" (Convenção de Direito Internacional Privado em vigor no Brasil desde a promulgação do Decreto n. 18.871/29), aplica-se às relações de trabalho desenvolvidas em alto mar a legislação do país de inscrição da embarcação. Isso porque, em decorrência da Teoria do Centro de Gravidade, (most significant relationship), as normas de Direito Internacional Privado deixam de ser aplicadas quando, observadas as circunstâncias do caso, verificar-se que a relação de trabalho apresenta uma ligação substancialmente mais forte com outro ordenamento jurídico. Trata-se da denominada "válvula de escape", segundo a qual impende ao juiz, para fins de aplicação da legislação brasileira, a análise de elementos tais como o local das etapas do recrutamento e da contratação e a ocorrência ou não de labor também em águas nacionais.

4 – Nos termos do art. 3º da Lei n. 7.064/1982, a antinomia aparente de normas de direito privado voltadas à aplicação do direito trabalhista deve ser resolvida pelo princípio da norma mais favorável, considerando o conjunto de princípios, regras e disposições que dizem respeito a cada matéria (teoria do conglobamento mitigado).

5 – Não se ignora a importância das normas de Direito Internacional oriundas da ONU e da OIT sobre os trabalhadores marítimos (a exemplo da Convenção das Nações Unidas sobre o Direito do Mar, ratificada pelo Brasil por meio do Decreto n. 4.361/2002, e da Convenção n. 186 da OIT sobre Direito Marítimo – MLC, não ratificada pelo Brasil). Contudo, deve-se aplicar a legislação brasileira em observância a Teoria do Centro de Gravidade e ao princípio da norma mais favorável, que norteiam a solução jurídica quanto há concorrência entre normas no Direito Internacional Privado, na área trabalhista. Doutrina.

6 – Cumpre registrar que o próprio texto da Convenção nº 186 da OIT sobre Direito Marítimo – MLC, não ratificada pelo Brasil, esclarece que sua edição levou em conta "o parágrafo 8º do Artigo 19 da Constituição da Organização Internacional do Trabalho, que determina que, de modo algum a adoção de qualquer Convenção ou Recomendação pela Conferência ou a ratificação de qualquer Convenção por qualquer Membro poderá afetar lei, decisão, costume ou acordo que assegure condições mais favoráveis aos trabalhadores do que as condições previstas pela Convenção ou Recomendação".

7 – Não afronta o princípio da isonomia a aplicação da legislação brasileira mais favorável aos trabalhadores brasileiros e a aplicação de outra legislação aos trabalhadores estrangeiros no mesmo navio. Nesse caso há diferenciação entre trabalhadores baseada em critérios objetivos (regência legislativa distinta), e não discriminação fundada em critérios subjetivos oriundos de condições e/ou características pessoais dos trabalhadores.

8 – Desde a petição inicial a pretensão do reclamante é de aplicação da legislação brasileira mais favorável. Desde a defesa a reclamada sustentou que deveriam ser aplicadas Lei do Pavilhão (Código de Bustamante) e a MLC (Convenção do Trabalho Marítimo) utilizada no País da bandeira da embarcação (Malta) e no País sede da empregadora (Bahamas).

9 – Deve ser provido o recurso de revista do reclamante para determinar a aplicação da legislação brasileira mais favorável e determinar o retorno dos autos para que o TRT prossiga no exame do feito como entender de direito.

10 – Recurso de revista a que se dá provimento. (TST, 2019)

— 1.4.2 —
Fluviários

Os *fluviários*, conforme o Decreto n. 2.596/1998, são os "tripulantes que operam embarcações classificadas para a navegação interior nos lagos, rios e de apoio portuário fluvial" (Brasil, 1998a, art. 1º, II).

— 1.4.3 —
Pescadores

Segundo o Decreto n. 2.596/1998, *pescadores* são os "tripulantes que exercem atividades a bordo de embarcações de pesca" (Brasil, 1998a, art. 1º, III).

No dia 15 de novembro de 2004, um dos maiores desastres ambientais, decorrente da explosão de um navio chileno, ocorreu no litoral do Estado do Paraná, em um terminal privado na área do Porto de Paranaguá.

O navio Vicuña, que transportava gás natural, explodiu quando estava atracado no terminal privado da empresa Catalini, derramando óleo e causando danos ambientais na Baía de Paranaguá, com consequências para toda a costa litorânea, o que fez com que vários pescadores ficassem sem a possibilidade de pescar durante muitos meses.

As imagens a seguir demonstram as consequências reais do acidente de um navio atracado em um dos berços de atracação do Porto de Paranaguá.

Figura 1.12 – Acidente do navio Vicuña

Figura 1.13 – Danos causados pelo acidente do navio Vicuña

O acidente trouxe várias consequências ambientais. Observe a seguir os danos causados ao cais do porto, bem como o derramamento de óleo no mar.

Figura 1.14 – Danos ambientais causados pelo acidente do navio Vicuña

É importante destacar que a responsabilidade civil decorrente do acidente foi tema de várias ações judiciais, que deram ensejo à decisão pelo Superior Tribunal de Justiça (STJ) de recursos repetitivos. Confira-a a seguir:

TEMA

Responsabilidade civil ambiental. Ação indenizatória. Danos extrapatrimoniais. Acidente ambiental. Explosão do navio Vicuña. Porto de Paranaguá. Pescadores profissionais. Proibição temporária de pesca. Empresas adquirentes da carga transportada. Ausência de responsabilidade. Nexo de causalidade não configurado.

DESTAQUE

As empresas adquirentes da carga transportada pelo navio Vicunã no momento de sua explosão, no Porto de Paranaguá/PR, em 15/11/2004, não respondem pela reparação dos danos alegadamente suportados por pescadores da região atingida, haja vista a ausência de nexo causal a ligar tais prejuízos (decorrentes da proibição temporária da pesca) à conduta por elas perpetrada (mera aquisição pretérita do metanol transportado).

INFORMAÇÕES DO INTEIRO TEOR

O cerne da controvérsia é definir se as empresas adquirentes da carga do navio Vicuña podem ser consideradas responsáveis pelo dano ambiental e, consequentemente, por danos extrapatrimoniais alegadamente suportados por terceiros (pescadores profissionais que se viram impedidos temporariamente de exercer seu labor), em decorrência da explosão da referida embarcação na baía de Paranaguá em 15/11/04. De pronto, cumpre destacar a remansosa jurisprudência desta Corte no sentido de que, em que pese a responsabilidade por dano ambiental ser objetiva (e lastreada pela teoria do risco integral), faz-se imprescindível, para a configuração do dever de indenizar, a demonstração do nexo causal a vincular o resultado lesivo à conduta efetivamente perpetrada por seu suposto causador. Nesse ponto, em apertada síntese, constata-se que as empresas requeridas são meras adquirentes do metanol transportado pelo navio Vicuña, não respondendo, assim, pela reparação de prejuízos (de ordem material e moral) alegadamente suportados por pescadores profissionais em virtude da proibição temporária da pesca na região atingida pela contaminação ambiental decorrente da explosão, em 15/11/04, da referida embarcação. Isso porque, não sendo as adquirentes da carga do referido navio responsáveis diretas pelo acidente ocorrido, só haveria falar em sua responsabilização – na condição de indiretamente responsável pelo dano ambiental – caso restasse demonstrada (i) a existência de comportamento omissivo de sua parte; (ii) que o risco de acidentes no **transporte** marítimo fosse ínsito à sua atividade ou (iii) que estivesse a seu encargo, e não a encargo da empresa vendedora, a contratação do **transporte** da carga que lhe seria destinada. Sendo certo que nenhuma das mencionadas situações se verificou, afasta-se o dever de indenizar, por ausência do nexo causal imprescindível à sua configuração. (STJ, 2017, grifo nosso)

— 1.4.4 —
Mergulhadores

Os *mergulhadores* são "tripulantes ou profissionais não tripulantes com habilitação certificada pela autoridade marítima para exercer atribuições diretamente ligadas à operação da embarcação e prestar serviços eventuais a bordo ligados às atividades subaquáticas" (Brasil, 1998a, art. 1º, IV).

— 1.4.5 —
Práticos

Os *práticos*, segundo o Decreto n. 2.596/1998, são profissionais "aquaviários não tripulantes que prestam serviços de praticagem embarcados" (Brasil, 1998a, art. 1º, V).

— 1.4.6 —
Agentes de manobra e docagem

De acordo com o Decreto n. 2.596/1998, *agentes de manobra e docagem* são "aquaviários não tripulantes que manobram navios nas fainas em diques, estaleiros e carreiras" (Brasil, 1998a, art. 1º, inciso VI).

Neste capítulo, estudamos o histórico, as definições e as fontes do direito marítimo, assim como as fontes primárias: a organização marítima internacional; as convenções internacionais;

e a legislação brasileira de direito marítimo. Também apresentamos as fontes secundárias: mar territorial e zona econômica exclusiva; zona contígua; direito de passagem; plataforma continental; Amazônia Azul; embarcações marítimas e navios. Além disso, analisamos os sujeitos do direito marítimo: trabalhador marítimo, fluviários, pescadores, mergulhadores, práticos e agentes de manobra e docagem.

Exercícios

1. De acordo com a Lei n. 8.617/1993, analise as hipóteses a seguir.

    i. A zona contígua brasileira compreende uma faixa que se estende de 12 a 24 milhas marítimas, contadas a partir das linhas de base, que servem para medir a largura do mar territorial.

    ii. A zona econômica exclusiva brasileira compreende uma faixa que se estende de 12 a 200 milhas marítimas, contadas a partir das linhas de base, que servem para medir a largura do mar territorial.

    iii. O mar territorial brasileiro compreende uma faixa de 12 milhas marítima de largura, medidas a partir da linha de baixa-mar do litoral continental e insular, tal como indicada nas cartas náuticas de grande escala, reconhecidas oficialmente no Brasil.

    iv. A soberania do Brasil não se estende ao mar territorial, ao espaço aéreo sobrejacente, nem ao seu leito e subsolo.

Agora, assinale a alternativa correta:
a. Apenas a afirmativa I está correta.
b. Apenas as afirmativas I e II estão corretas.
c. Apenas as afirmativas II e III estão corretas.
d. Apenas as afirmativas I, II e III estão corretas.
e. Apenas as afirmativas III e IV estão corretas.

2. Os aquaviários, de acordo com o Decreto n. 2.596/1998, são formados pelos seguintes grupos:

i. Marítimos: tripulantes que operam embarcações classificadas para a navegação em mar aberto, apoio marítimo, apoio portuário e para a navegação interior nos canais, lagoas, baías, angras, enseadas e áreas marítimas consideradas abrigadas.
ii. Fluviários: tripulantes que operam embarcações classificadas para a navegação interior nos lagos, rios e de apoio portuário fluvial.
iii. Pescadores que exercem atividades a bordo de embarcações de pesca.
iv. Mergulhadores: tripulantes ou profissionais não tripulantes com habilitação certificada pela autoridade marítima para exercer atribuições diretamente ligadas à operação da embarcação e prestar serviços eventuais a bordo ligados às atividades subaquáticas.
v. Práticos: aquaviários tripulantes que prestam serviços de praticagem embarcados.

Agora, assinale a alternativa correta:
a. Apenas a afirmativa I está correta.
b. Apenas as afirmativas I e II estão corretas.
c. Apenas as afirmativas II e III estão corretas.
d. Apenas as afirmativas I, II e IV estão corretas.
e. Apenas as afirmativas III e IV estão corretas.

Capítulo 2

Contratos marítimos

O transporte marítimo de mercadorias tem vasta modalidade contratual, diversidade de documentos e regulamentação. Portanto, historicamente, existe um grande movimento de unificação das regras que regem os contratos internacionais de transporte marítimo.

Nesse sentido, destaca-se a Lei Harter (Estados Unidos – 1893), que introduziu o *due diligence* para o transporte de mercadorias entre portos nos Estados Unidos e em portos estrangeiros, anulando cláusula contratual que exonerasse a responsabilidade do proprietário do navio em decorrência de possível dano ou avaria à carga, desde o carregamento do navio até a entrega da carga no porto de destino, tendo em vista que o navio deve ter condições de navegação e transporte (Martins, 2021).

Várias regras foram instituídas: em 1921, as Regras de Haia; depois, em 1924, a International Convention for Unification of Certains Rules Related to Bill of Ladings (Convenção Internacional para Unificação das Regras Relativas ao Conhecimento de Embarque); em 1936, nos Estados Unidos, o Carriage of Goods by Sea Act (COGSA); em 1968, o Protocolo de Visby; em 1979, o Protocolo DES; em 1978, as Regras de Hamburgo; em 2009, as Regras de Rotterdam, que buscaram atualizar toda a legislação internacional de transporte marítimo e aplicar regras de uniformidade e boa-fé no comércio internacional (Martins, 2021).

As Regras de Rotterdam "regulam o transporte porta a porta (*maritime plus*), disciplinando obrigações e direitos relacionados ao transporte multimodal e inovando em aspectos fundamentais nas relações das partes" (Martins, 2021, p. 203). Além disso, tais regras inovam, aceitando documentos e instrumentos eletrônicos, a criação de contratos de volume, a transferência de direitos por meio de endosso, a criação de sujeitos intervenientes e embarcador documental (Martins, 2021).

De acordo com Caparroz (2018, p. 619):

> Devido à enorme complexidade do comércio internacional, principalmente em razão das diferentes legislações, sistemas econômicos, costumes, idiomas e práticas comerciais de cada país, desde há muito se percebeu a necessidade de se padronizar certos procedimentos, de modo a se especificar, com clareza e objetividade, os direitos e as obrigações dos vendedores e compradores.

Tendo em vista a necessidade de entendimento no transporte internacional, são utilizados termos no comércio internacional que regulam questões relativas à responsabilidade, desde a compra até a entrega da mercadoria. Portanto, também vamos abordar os Termos Internacionais de Comércio (International Commercial Terms – Incoterms) a seguir.

— 2.1 —
Hipoteca naval

A hipoteca naval ocorre "nos casos de navios e aeronaves, em que o registro se dá, respectivamente, junto ao Tribunal Marítimo e ao Registro Aeronáutico Brasileiro (Lei n. 7.652/98, art. 12; e Lei n. 7.565/86, art. 141)" (Schreiber, 2021, p. 374).

O art. 1.473 do Código Civil – Lei n. 10.406, de 10 de janeiro de 2002 (Brasil, 2002) – estabelece que poderá ocorrer hipoteca de navios, conforme disposição em lei especial, ou seja, de acordo com a Lei n. 7.652, de 3 de fevereiro de 1988 (Brasil, 1988b), que disciplina o registro da propriedade marítima.

A Lei n. 7.652/1988 dispõe que o "registro de direitos reais e de outros ônus que gravem embarcações brasileiras deverá ser feito no Tribunal Marítimo, sob pena de não valer contra terceiros" (Brasil, 1988b, art. 12).

A hipoteca naval é uma espécie do instituto da hipoteca, que, conforme Schreiber (2021, p. 374), "consiste no direito real de garantia sobre coisa normalmente imóvel, que se conserva em poder do devedor, tendo o credor hipotecário a faculdade de promover a sua venda judicial e preferir, no pagamento, a outros credores, observada a prioridade na inscrição hipotecária".

No entanto, pode ocorrer a hipoteca marítima de navios estrangeiros, e os efeitos dessa hipoteca são analisados de acordo com o Código de Bustamante, também chamado de Lei do Pavilhão – Decreto n. 18.871, de 13 de agosto de 1929 (Brasil, 1929) –, cujos efeitos são extraterritoriais. Em outras palavras, pode ser aplicado até nos países cuja legislação não conheça ou não regule essa hipoteca ou esses privilégios. Destacamos recente decisão do Superior Tribunal de Justiça (STJ) sobre o assunto:

TEMA

Hipoteca naval. Tratados internacionais e legislação interna. Inexistência de primazia hierárquica. Plataforma petrolífera estrangeira. Disciplina do Código de Bustamante. Registro de hipoteca realizado no porto de origem do navio. Eficácia no âmbito nacional.

DESTAQUE

A hipoteca de navio registrada no país de nacionalidade da embarcação tem eficácia extraterritorial, alcançando o âmbito interno nacional.

INFORMAÇÕES DO INTEIRO TEOR

Na execução de origem, ajuizada por instituição financeira, houve penhora de embarcação do devedor visando garantir o adimplemento da dívida, ao tempo em que terceiro peticionou nos autos alegando gozar de preferência sobre o produto da arrematação do bem penhorado em razão de hipoteca outorgada pela executada em seu favor, registrada no país de nacionalidade da embarcação. Nesse contexto, a principal questão controvertida consiste em saber se é possível ser reconhecida a eficácia, no Brasil, de hipoteca de navio registrada apenas em país de nacionalidade da embarcação que não consta como signatário das Convenções Internacionais sobre a matéria. De início, saliente-se que a doutrina especializada defende ser da tradição do direito brasileiro e de legislações estrangeiras a admissão da hipoteca a envolver embarcação de grande porte, em razão do vulto dos financiamentos a sua construção e manutenção. A instabilidade e o risco marítimo oriundos do constante deslocamento se compensa com a estabilidade dos registros em portos de origem. No tocante a navio de nacionalidade estrangeira, não bastasse a clareza do art. 278 do Código Bustamante ao estabelecer que a hipoteca marítima e os privilégios e garantias de caráter real, constituídos de acordo com a lei do pavilhão, têm efeitos extraterritoriais, até nos países cuja legislação não conheça ou não regule essa hipoteca ou esses privilégios, o art. 1º da Convenção de Bruxelas para a Unificação de Certas Regras Relativas aos Princípios e Hipotecas Marítimas, na mesma linha, também estabelece que as hipotecas sobre navios regularmente estabelecidas segundo as leis do Estado contratante a cuja jurisdição o navio pertencer, e inscritas em um registro público, tanto pertencente à jurisdição do porto de registro, como de um ofício central, serão consideradas válidas e acatadas em todos os outros países contratantes. Por seu turno, consigna-se que não cabe o registro, no Brasil, da hipoteca da embarcação de bandeira de outro país, pertencente à sociedade empresária estrangeira. Com efeito, na leitura da Lei n. 7.652/1988 e dos demais diplomas internos, nota-se um claro cuidado do legislador em não estabelecer disposição que testilhe com as convenções internacionais a que o Estado aderiu, respeitando-se a soberania dos países em que estão registrados os navios e respectivas hipotecas, de modo a fornecer segurança jurídica aos proprietários e detentores de direitos sobre embarcações. O registro hipotecário é ato de soberania do Estado da nacionalidade da embarcação, estando sob sua jurisdição as respectivas questões administrativas. Com essas considerações, a negativa de eficácia à hipoteca inobserva diversas convenções internacionais e causa insegurança jurídica, com possíveis restrições e aumento de custo para o afretamento de embarcações utilizadas no Brasil – razões pelas quais o ato analisado tem eficácia extraterritorial, alcançando o âmbito interno nacional. (STJ, 2018)

— 2.1.1 —
Fretamento de navios

O contrato de fretamento de navio é "um contrato pelo qual o armador ou proprietário de um navio mercante se obriga, mediante o pagamento de frete, a transportar mercadorias de um porto a outro determinado", portanto, "diz respeito a locação do navio, prestação de serviços e transporte" (Gibertoni, 2005, p. 173).

De acordo com Gibertoni (2005, p. 173), o "fretamento é feito por escrito, por meio de um documento que se chama carta--partida ou carta de fretamento. O agente comercial que serve de intermediário entre o fretador e o afretador é um corretor de navios (*broker*)".

O fretamento de navios é o transporte de mercadorias com ajuste de preço (que é o frete). O armador, que é chamado de *fretador*, concederá a uma pessoa (o *afretador*) o uso total ou parcial do navio (Gibertoni, 2005).

— 2.1.2 —
Contrato de afretamento

Quando um contrato de fretamento tem por objeto o navio inteiro, utiliza-se o documento chamado de *carta-partida*. No entanto, se o fretamento for parcial, para mercadorias diversas, adota-se o documento marítimo chamado de *conhecimento de embarque* (Gibertoni, 2005).

Confira alguns termos utilizados para os contratos de afretamento a seguir.

Glossário de termos de afretamento

Embarcador [*shipper*] Indivíduo ou empresa com carga para ser transportada.

Afretador [*charterer*] Indivíduo ou empresa que aluga o navio.

Carta-partida [*charter-party*] Contrato que estabelece os termos com base nos quais o embarcador contrata o transporte da sua carga ou o afretador contrata o aluguel de um navio.

Fretamento por viagem [*voyage charter*] O navio ganha com base no frete por tonelada da carga transportada, de acordo com os termos estabelecidos na carta-partida, que especifica a natureza precisa e o volume de carga, o(s) porto(s) de carga e de descarga e o tempo de estadia [*laytime*] e de sobre-estadia [*demurrage*]. Todos os custos são pagos pelo proprietário do navio.

Afretamento de viagens consecutivas [*consecutive voyage charter*] O navio é alugado para executar uma série de viagens consecutivas entre A e B.

Contrato de afretamento a volume [*contract of affreightment*, COA] O proprietário do navio assume a responsabilidade de transportar quantidades de uma carga específica em determinada rota ou rotas, durante dado período, usando navios à sua escolha dentro de restrições especificadas.

Fretamento por período [*period charter*] O navio é alugado por determinado período mediante pagamento de uma taxa diária, mensal ou anual. Existem três tipos: afretamento por tempo, afretamento por viagem e afretamento por viagens consecutivas.

Afretamento por tempo [*time charter*] O navio ganha um aluguel mensal ou quinzenal. O proprietário do navio mantém a posse e opera o navio de acordo com as instruções do afretador, que paga os custos de viagem.

Afretamento por tempo para a realização de uma viagem [*trip charter*] Acordado na base de um afretamento por tempo para o período de uma viagem específica e para o transporte de uma carga específica. Os proprietários de navios ganham um "aluguel" por dia pelo período definido para a viagem.

Afretamento em casco nu [*bare boat charter*] O proprietário do navio contrata (geralmente, por uma taxa de longa duração) com outra parte a sua operação. O navio é depois operado pela segunda parte como se ele fosse o seu proprietário.

Tempo de estadia [*laytime*] O período acordado entre as partes de um afretamento por viagem, durante o qual o proprietário disponibilizará o navio para carregar/descarregar a carga.

Sobre-estadia [*demurrage*] O dinheiro pago ao proprietário do navio pelo atraso pelo qual ele não é responsável em carregar e ou/descarregar além do tempo de estadia.

Subestadia [*despatch*] O dinheiro que o proprietário acordou em pagar se o navio carregar ou descarregar em menos tempo do que o tempo de estadia permitido na carta-partida (habitualmente sobre-estadia).

Abreviaturas comuns

c.i.f. O preço de compra dos produtos (pelo importador) inclui o pagamento do seguro e do frete, que é organizado pelo exportador.

f.o.b. [*free on board*] As mercadorias são compradas ao seu custo e o importador organiza o seu próprio seguro e frete.

Fonte: Stopford, 2017, p. 214, grifo do original.

— 2.2 —

Incoterms

Em 1919, foi criada a Câmara de Comércio Internacional (International Chamber of Commerce – ICC), com a finalidade de estabelecer regras básicas e comuns para o comércio, bem como dirimir os conflitos e as controvérsias oriundos de contratos internacionais. Em síntese, a criação desse órgão teve como objetivo facilitar e unificar as práticas comerciais internacionais (ICC Brasil, 2021).

Desse modo, conforme esclarece Caparroz (2018, p. 619): "Surgiram, assim, em 1936, os chamados INCOTERMS [...], que representam, à luz da regulamentação internacional, um conjunto de regras para a interpretação de certas cláusulas comerciais presentes nos contratos de compra e venda de mercadorias".

Assim, em 1936, ocorreu a primeira edição dos Incoterms, que delimitou a responsabilidade de vendedores e compradores na entrega de produtos, de acordo com o contrato de venda. Desse modo, os custos e os riscos das partes são determinados pelos termos. Na primeira edição do Incoterms, havia apenas sete termos do comércio direcionados ao transporte marítimo; em 1953, foram inseridos dois novos termos para o transporte ferroviário; em 1967, houve outra revisão e a adição de dois novos termos; em 1976, foram incluídos novos termos para o transporte aéreo; em 1980, com o aumento do transporte de mercadorias por meio de contêineres, surgiu o sistema intermodal e houve a inclusão de quatro novos termos específicos; e, em 2010, foi editada uma nova versão dos Incoterms (ICC Brasil, 2021).

Em síntese, os Incoterms são cláusulas contratuais que surgem para nortear o comércio internacional. Trata-se de regras internacionais criadas pela ICC utilizadas em contratos nacionais e internacionais na venda de mercadorias (ICC Brasil, 2021).

Assim, os Incoterms podem ser resumidos da seguinte forma:
- os INCOTERMS são cláusulas de um contrato de compra e venda e com este não se confundem;
- os INCOTERMS cuidam apenas da relação jurídica entre **comprador e vendedor**, nos termos pactuados; não interferem, portanto, nos contratos de transporte das mercadorias, realizados com terceiros;
- os INCOTERMS não alcançam a negociação de **bens intangíveis** ou **serviços**;
- os INCOTERMS estabelecem o nível de responsabilidade e as **obrigações** que devem ser assumidas por compradores e vendedores em relação às mercadorias negociadas;
- os INCOTERMS são condição necessária e suficiente para a reclamação, em juízo **oficial** ou **arbitral**, de eventuais direitos decorrentes do inadimplemento do contrato de compra e venda, no que tange às condições de entrega. (Caparroz, 2018, p. 621, grifo do original)

A negociação entre vendedor e comprador na utilização dos Incoterms é decorrente da análise da melhor cláusula a ser utilizada, assim como da observação da legislação aduaneira do país do contratante e do contratado. Segundo Caparroz (2018, p. 623): "No direito brasileiro, existem algumas referências legislativas quanto à utilização dos INCOTERMS, a exemplo da já mencionada informação constante da fatura comercial na hipótese de importações, conforme artigo 557, XIV, do Regulamento Aduaneiro".

A função dos Incoterms está descrita no Quadro 2.1.

Quadro 2.1 – Função dos Incoterms

Os INCOTERMS definem...	Os INCOTERMS não definem...
As condições de transporte e entrega das mercadorias, pois atuam como cláusulas nos contratos de compra e venda	A transferência da propriedade das mercadorias transacionadas
As condições de transferência da responsabilidade entre o comprador e o vendedor, relativas às despesas de frete, seguros e direitos aduaneiros (quando aplicáveis)	As consequências jurídicas de eventuais violações do contrato de compra e venda
O momento da transferência do risco para as mercadorias embarcadas no transporte principal (trecho internacional)	As formas e condições de pagamento das transações
Os documentos, inclusive de transporte, que o vendedor deve fornecer ao comprador (ou seus equivalentes em formato eletrônico)	

Fonte: Caparroz, 2018, p. 623.

A última edição dos Incoterms ocorreu em outubro de 2019 e entrou em vigor em 1º de janeiro de 2020.

Dessa forma, a adoção de **cláusulas padronizadas**, de aceitação universal, oferece aos contratantes elevado grau de segurança jurídica, transferindo o foco dos esforços da negociação para as cláusulas de natureza comercial (preço, quantidade e qualidade das mercadorias, condições de pagamento, garantia etc.). (Caparroz, 2018, p. 620, grifo do original)

Na Figura 2.1, apresentamos, por meio de um infográfico, a trajetória dos Incoterms. Essa forma ilustrativa foi desenvolvida pela ICC e permite entender a importância dessas regras.

Figura 2.1 – História dos Incoterms

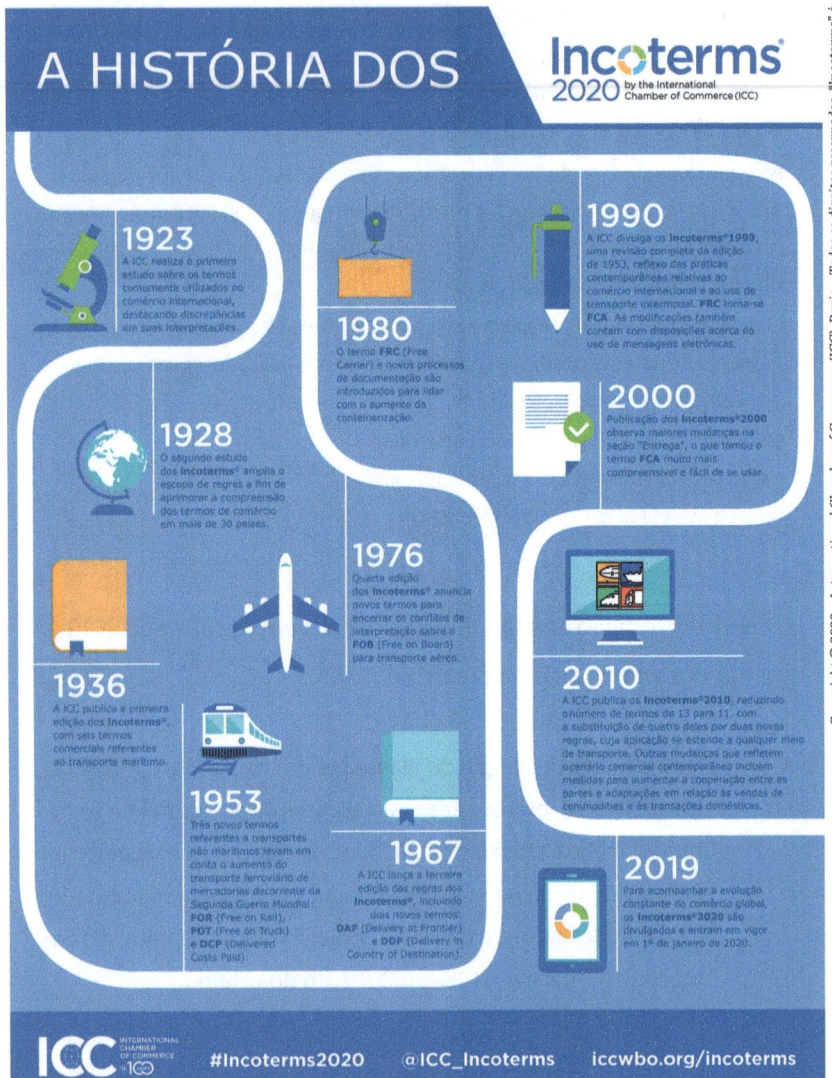

Com relação à última atualização dos Incoterms, apresentamos um quadro ilustrativo também desenvolvido pela ICC.

Quadro 2.2 – Siglas dos Incoterms

Sigla	Incoterms 2020	Tipo de transporte
EXW	Ex Works	Multimodal
FCA	Free Carrier	Multimodal
FAS	Free Alongside Ship	Marítimo
FOB	Free on Board	Marítimo
CFR	Cost and Freight	Marítimo
CIF	Cost Insurance and Freight	Marítimo
CPT	Carriage Paid To	Multimodal
CIP	Carriage and Insurance Paid To	Multimodal
DPU	Delivered at Place Unloaded	Multimodal
DAP	Delivered at Place	Multimodal
DDP	Delivered Duty Paid	Multimodal

Fonte: Elaborado com base em Fazcomex, 2021d.

Com base nas atualizações ocorridas em 2020, vamos analisar cada um dos Incoterms: começando com o contrato de partida – *Ex Works* (EXW); em seguida, o transporte principal pago – *Free Carrier* (FCA), *Free Alongside Ship* (FAS) e *Free On Board* (FOB); seguido do transporte principal pago – *Cost and Freight* (CFR), *Cost, Insurance and Freight* (CIF), *Carriage Paid To* (CPT) e *Carriage and Insurance Paid to* (CIP); e, por fim, o contrato de chegada – *Delivered at Place Unloaded* (DPU), *Delivered at Place* (DAP) e *Delivered Duty Paid* (DDP).

A seguir, apresentamos um infográfico com todos os Incoterms.

Figura 2.2 – Utilização dos Incoterms

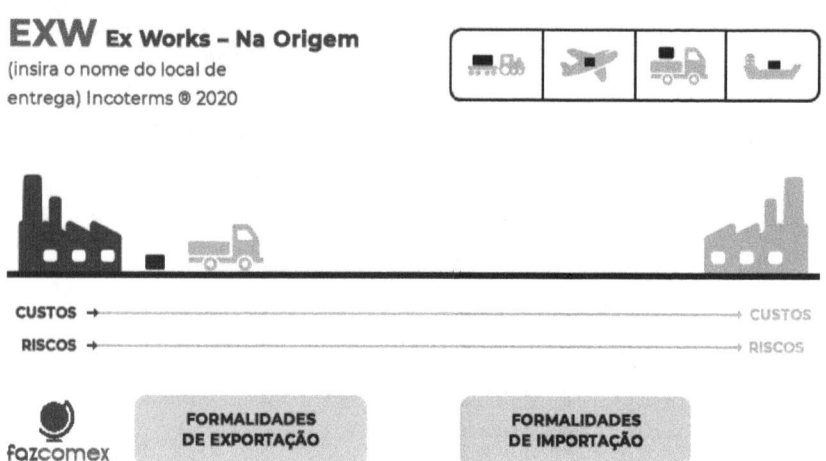

EXW **Ex Works – Na Origem**
(insira o nome do local de entrega) Incoterms ® 2020

FORMALIDADES DE EXPORTAÇÃO

FORMALIDADES DE IMPORTAÇÃO

Fonte: Fazcomex, 2021c.

— 2.2.1 —
Contrato de partida

No contrato de partida, está estabelecida a mínima responsabilidade para o exportador; assim, a maior parte da responsabilidade é do comprador.

Ex Works (EXW)

O EXW é um tipo de contrato em que o vendedor cumpre sua obrigação de entrega quando coloca suas mercadorias disponíveis para o comprador conforme convencionado em contrato. O vendedor não tem responsabilidade pelo carregamento das mercadorias no veículo transportador, mas, se o fizer, será por conta e risco do comprador. Todos os custos e riscos para a retirada da mercadoria são do comprador, inclusive os documentos para a obtenção da licença de transporte, até mesmo para contratar e custear o seguro (Fazcomex, 2021c).

— 2.2.2 —
Transporte principal

Nesta espécie de contrato, em que o pagamento será efetuado no destino de chegada da mercadoria, há as categorias FCA, FAS e FOB.

Free Carrier (FCA)

O contrato do tipo FCA determina que o vendedor entregue a mercadoria, desembaraçada para a exportação, sob os cuidados do transportador indicado pelo comprador em local designado. Logo, cabe ao comprador, se desejar, contratar e custear o seguro (Fazcomex, 2021d).

Quando o vendedor entrega a mercadoria para o carregamento no veículo transportador, encerram-se todas as responsabilidades do vendedor, ficando o comprador responsável por todos os custos para contratar e custear o transporte e por qualquer dano ocorrido com a mercadoria. Essa modalidade pode ser utilizada para todos os tipos de transporte: aéreo, terrestre e marítimo (Fazcomex, 2021d).

Free Alongside Ship (FAS)

Utilizado apenas para o transporte marítimo, na modalidade de contrato FAS, o vendedor cumpre sua obrigação de entrega de mercadorias, uma vez que elas sejam colocadas no costado do navio, no cais ou em barcaças, no porto de embarque indicado, e todos os custos ou danos relacionados à mercadoria são assumidos pelo comprador a partir da entrega da mercadoria. O vendedor deverá desembaraçar a carga para a exportação e a responsabilidade pelo transporte e pelo seguro é do comprador, bem como os trâmites alfandegários na importação e na passagem por outros países (Fazcomex, 2021d).

Para melhor entendimento, observe a figura a seguir.

Figura 2.3 – *Free Alongside Ship (FAS)*

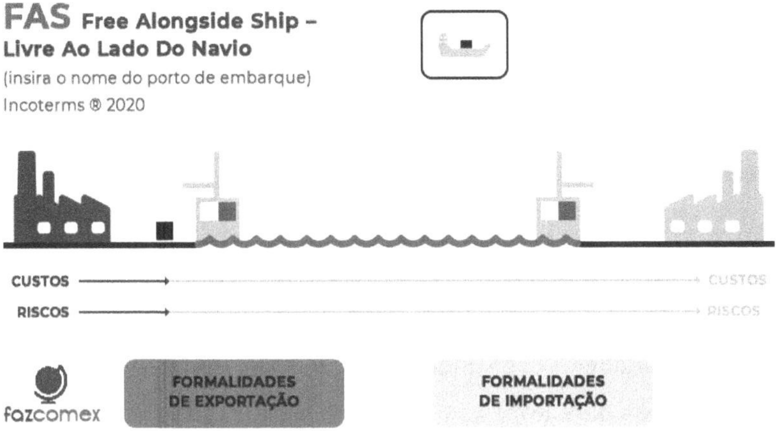

FAS Free Alongside Ship –
Livre Ao Lado Do Navio
(insira o nome do porto de embarque)
Incoterms ® 2020

CUSTOS
RISCOS
CUSTOS
RISCOS

FORMALIDADES DE EXPORTAÇÃO

FORMALIDADES DE IMPORTAÇÃO

fazcomex

Fonte: Fazcomex, 2021e.

Free on Board (FOB)

Utilizado apenas no transporte marítimo, no Incoterm do tipo FOB, o vendedor cumpre suas obrigações com a entrega da mercadoria a bordo do navio, no porto de embarque indicado pelo comprador, e os custos de transporte e de seguro, bem como os riscos, são do comprador a partir do momento da entrega da mercadoria. O vendedor deve custear e providenciar os trâmites aduaneiros para a exportação da mercadoria, e o comprador se responsabiliza pelo desembaraço na importação (Fazcomex, 2021d).

— 2.2.3 —
Transporte principal pago

No contrato do tipo transporte principal pago, o transporte da mercadoria é custeado pelo exportador, que, no entanto, não assume o risco do transporte.

Cost and Freight (CFR)

Na modalidade CFR, o vendedor deve pagar os custos e o frete necessários para levar as mercadorias até o porto de destino, embora quaisquer custos adicionais, decorrentes de eventos ocorridos depois de as mercadorias terem sido entregues a bordo do navio, sejam transferidos do vendedor ao comprador no momento em que os produtos cruzam a amurada do navio no porto de embarque (Fazcomex, 2021d).

A cláusula CFR determina que o vendedor agilize os trâmites referentes à emissão do documento de exportação e só pode ser utilizada em transporte marítimo e de cabotagem, quando a amurada do navio não determinar, tecnicamente, a transferência de responsabilidade (Fazcomex, 2021d).

Para um melhor entendimento, observe o infográfico a seguir.

Figura 2.4 – *Cost and Freight* (CFR)

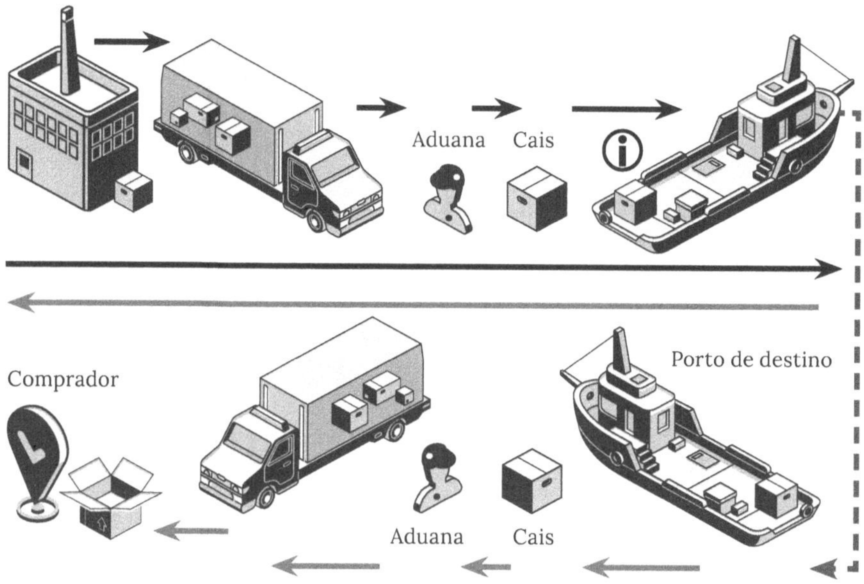

Legenda:
- ➡ Etapa com custos e riscos do vendedor
- ➡ Etapas com custos e riscos do comprador
- ⇢ O vendedor contrata e paga o frete e custos para levar a mercadoria até o porto de destino combinado
- ⓘ Onde ocorre a transferência do risco do vendedor para o comprador

Fonte: Fazcomex, 2021b.

Cost, Insurance and Freight (CIF)

A modalidade CIF impõe ao vendedor as mesmas obrigações da CFR, mas com a inclusão do seguro marítimo internacional sobre o risco do comprador, por perdas e danos das mercadorias durante o transporte, e o vendedor contrata o seguro. Aqui, a cobertura do seguro é mínima. Além disso, a modalidade CIF só pode ser utilizada para transporte marítimo e de cabotagem (Fazcomex, 2021d).

Carriage Paid To (CPT)

Na modalidade CPT, o vendedor deve pagar o frete do transporte de mercadorias até o porto de destino, e os riscos por perda ou dano da mercadoria e eventuais despesas adicionais devidas decorrentes de eventos ocorridos após a entrega da mercadoria ao transportador são transferidos ao comprador, sob a custódia do transportador. De acordo com o contrato, o transportador se compromete até que a mercadoria chegue ao destino. A modalidade CPT pode ser utilizada para qualquer forma de transporte (Fazcomex, 2021d).

Carriage and Insurance Paid To (CIP)

Na modalidade CIP, o vendedor terá as mesmas obrigações que na CPT, mas será acrescida a responsabilidade de providenciar e pagar o seguro mínimo das mercadorias contra o risco de perdas e danos durante o transporte. Essa modalidade pode ser utilizada para qualquer forma de transporte (Fazcomex, 2021d).

— 2.2.4 —
Contrato de chegada

No contrato de chegada, o vendedor assume o risco do transporte, bem como todos os custos decorrentes da entrega da mercadoria. Segundo Caparroz (2018, p. 628, grifo do original),

> representa o maior grau de responsabilidade para o vendedor, uma vez que a transferência da responsabilidade ocorre somente no país do importador. Neste caso, o exportador assume todos os custos e riscos da **entrega da mercadoria** no local de destino, o que, *a contrario sensu* do que vimos no *Ex Works*, poderá gerar dificuldades. A obrigação do vendedor só se encerra quando ocorrer a entrega das mercadorias no terminal, porto ou local de destino combinado, razão pela qual as cláusulas do Grupo "D" (DAT, DAP e DDP) são conhecidas como **contratos de chegada**.

O Incoterm *Delivered at Terminal* (DAT), descrito como parte do Grupo D, foi substituído pelo DPU na atualização dos Incoterms em 2020.

Delivered at Place (DAP)

No Incoterm DPA, o vendedor deverá disponibilizar as mercadorias no local determinado pelo comprador, sendo que assume todos os custos de transporte e os riscos até a entrega da mercadoria antes do desembaraço aduaneiro. O DPA poderá ser utilizado para qualquer meio de transporte, inclusive o multimodal (Caparroz, 2018).

Delivered at Place Unloaded (DPU)

O DPU é o incoterm que substituiu o DAT (versão 2010) na atualização para a versão 2020. A sigla DPU, em português, significa: "entregue no local desembarcado" (Fazcomex, 2021d).

O vendedor tem a responsabilidade de entrega da mercadoria no local designado pelo comprador, respondendo por todos os custos.

Figura 2.5 – *Delivered at Place Unloaded (DPU)*

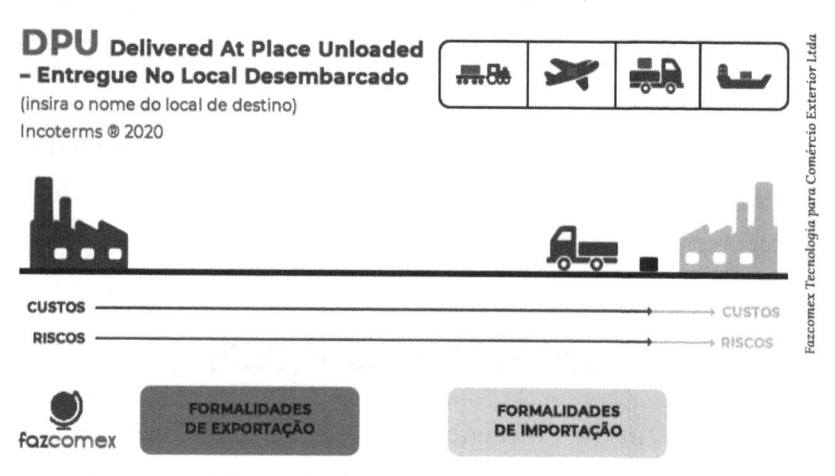

Fonte: Fazcomex, 2021f.

Delivered Duty Paid (DDP)

O Incoterm DDP indica que o vendedor entrega as mercadorias com todas as despesas aduaneiras e tributos pagos; e que o exportador entrega a mercadoria no local de destino designado, já desembaraçada para importação.

> Esta cláusula representa o **grau máximo** de responsabilidade para o vendedor, que assume praticamente todos os custos e riscos da transação.
>
> [...] Na prática, esta modalidade é conhecida como "porta a porta" e se refere, por exemplo, à atividade das empresas **de remessas expressas** internacionais (empresas de *courier*), que entregam os bens, já desembaraçados e em prazos bastante ágeis, na empresa ou residência do cliente. (Caparroz, 2018, p. 657, grifo do original)

Essa modalidade pode ser utilizada para qualquer meio de transporte.

Neste capítulo, analisamos os contratos marítimos, as principais obrigações decorrentes do tipo de transporte utilizado e as responsabilidades do comprador e do vendedor.

Para esclarecer a legislação que regulamenta as questões que envolvem o direito marítimo, no próximo capítulo abordaremos o estudo do direito portuário.

Exercícios

1. (Petrobrás – Técnico de Logística de Transporte Júnior – 2018) No transporte marítimo, no que se refere às despesas decorrentes da colocação da mercadoria a bordo do navio, o frete até o porto de destino designado e as formalidades de exportação correm por conta do vendedor; os riscos e danos da mercadoria, a partir do momento em que é colocada a bordo do navio, no porto de embarque, são de responsabilidade do comprador, que deverá contratar e pagar o seguro e os gastos com o desembarque. Nesse caso, trata-se do Incoterm:

   a. CIF – *Cost, Insurance and Freight* – Custo, Seguro e Frete
   b. CPT – *Carriage Paid To* – Transporte Pago Até
   c. CIP – *Carriage and Insurance Paid to* – Transporte e Seguro Pagos até
   d. CFR – *Cost and Freight* – Custo e Frete
   e. CFOB – *Cost Free on Board* – Livre a Bordo do Navio

2. (Petrobras – Técnico de Logística de Transporte Júnior – 2018) Os Inconterms foram criados pela Câmara de Comércio Internacional (CCI) como regras para administrar conflitos de interpretação de contratos internacionais firmados entre exportadores e importadores sobre transferência de mercadorias, despesas decorrentes e responsabilidade sobre perdas e danos. Na modalidade do Incoterm CIP – Porte e seguro pagos até (local de destino designado), o exportador:

a. paga as despesas de embarque da mercadoria, o frete até o local de destino e o seguro de transporte da mercadoria até o local de destino indicado, podendo o CIP ser utilizado com qualquer modalidade de transporte, inclusive o multimodal.
b. deve entregar a mercadoria, desembaraçada, a bordo do navio indicado pelo importador, no porto de embarque, sendo válido o CIP para o transporte marítimo ou hidroviário interior.
c. deverá pagar as despesas de embarque da mercadoria e seu frete internacional até o local de destino designado, podendo o CIP ser utilizado com relação a qualquer meio de transporte.
d. deverá pagar as despesas de embarque da mercadoria e seu frete internacional até o local de destino designado, podendo o CIP ser utilizado com relação a qualquer meio de transporte.
e. deverá entregar a mercadoria à disposição do comprador (importador) não desembaraçada para importação, num terminal portuário, ou em um galpão fora do porto de destino, terminando as suas responsabilidades quando coloca a mercadoria à disposição do comprador, sendo o CIP válido, unicamente, para o transporte aéreo.

Capítulo 3

Direito portuário

Neste capítulo, abordaremos o direito portuário brasileiro, suas fontes e a legislação nacional.

O Rei de Portugal Dom João VI, em 28 de janeiro de 1808, transferiu para o Brasil a Corte Portuguesa e abriu os portos brasileiros. Em 1846, Visconde de Mauá criou a Companhia de Estabelecimento de Ponta da Areia, no Porto de Niterói. No final do século XIX e início do século XX, começaram as concessões para a construção e a exploração de portos no Brasil (Brasil, 2015b).

Após a abertura dos portos até a presente data, muitas leis e decretos entraram em vigor para regulamentar diversos aspectos relacionados aos portos brasileiros.

A importação e a exportação de mercadorias, por meio dos portos brasileiros, traduzem um dos mais tradicionais segmentos da economia nacional, com origem ainda na época do descobrimento e da colonização do país, pois, por meio do transporte marítimo, o Brasil foi descoberto.

Atualmente, computam-se 37 portos públicos no Brasil, e, nessa categoria, encontram-se os portos com administração exercida pela União, no caso das Companhias Docas, portos organizados delegados (Brasil, 2015b).

Tendo em vista que o Brasil é conhecido pela produção agrícola e exportação de matéria-prima e produtos industrializados pela indústria nacional, para a entrega desses produtos em locais longínquos, como em outros continentes, a utilização dos portos é essencial.

Segundo a Antaq (2021a), no ano de 2020, os portos brasileiros movimentaram 1,151 bilhão de toneladas, com a movimentação de minério de ferro, petróleo e derivados constituindo as cargas que mais se destacaram, seguidas de contêineres e soja. Avaliou-se que ocorreu um aumento de 4,2% no setor portuário e que os portos movimentaram 760 milhões de toneladas de produtos via terminais privados e 391 milhões de toneladas via terminais públicos.

Figura 3.1 – Porto de Itajaí – Santa Catarina

— 3.1 —
Conceito de direito portuário

Direito portuário, segundo Castro Júnior e Pasold (2010, p. 41), "é o ramo do direito que tem por objetivo o disciplinamento da exploração dos portos, das operações portuárias e dos operadores portuários, das instalações portuárias, da gestão da mão de obra de trabalho portuário avulso, do trabalho portuário, e da administração do porto organizado".

— 3.2 —
Legislação do direito portuário brasileiro

Consideramos importante apresentar a cronologia das normas brasileiras que regulamentam o funcionamento dos portos brasileiros, que inicia no ano de 1808, com a autorização da abertura dos portos brasileiros para as atividades de recebimento de cargas e de pessoas por meio de navios e embarcações marítimas.

Em 28 de janeiro de 1808, ocorreu a abertura dos portos no Brasil para as nações amigas por Dom João VI. Em 1864, foi criada a Companhia de Estabelecimento de Ponta da Areia – Porto de Niterói. Em 1911, o Decreto n. 9.078, de 3 de novembro de 1911 (Brasil, 1911), regulamentou a Inspetoria Federal de Portos, Rios e Canais e a Inspetoria Federal de Navegação, vinculadas ao Ministério da Viação e Obras Públicas (Brasil, 2015b).

O Decreto n. 23.607/1932 criou o Departamento Nacional de Portos e Navegação (DNPN), extinguindo a Inspetoria Federal de Portos, Rios e Canais e a Inspetoria Federal de Navegação (Brasil, 2015b).

O Decreto-Lei n. 6.166, de 31 de dezembro de 1943 (Brasil, 1944), dispõe "sobre a reorganização do Departamento Nacional de Portos e Navegação (DNPN), que passa a denominar-se Departamento Nacional de Portos, Rios e Canais (DNPRC)".

A Lei n. 4.213, de 14 de fevereiro de 1963 (Brasil, 1963), reorganiza "o Departamento Nacional de Portos, Rios e Canais dando-lhe a denominação de Departamento Nacional de Portos e Vias Navegáveis, disciplina a aplicação do Fundo Portuário Nacional e dá outras providências".

A Lei n. 4.860, de 26 de novembro de 1965 (Brasil, 1965), dispõe "sobre o regime de trabalho nos portos organizados, e dá outras providências".

O Decreto-Lei n. 200, de 25 de fevereiro de 1967 (Brasil, 1967), dispõe "sobre a organização da Administração Federal, estabelece diretrizes para a Reforma Administrativa", extinguindo Ministério da Viação e Obras Públicas e criando o Ministério dos Transportes, entre outras providências.

A Lei n. 6.222, de 10 de julho de 1975 (Brasil, 1975), extingue o Departamento Nacional de Portos e Vias Navegáveis e autoriza a constituição da Empresa de Portos do Brasil S.A. (Portobrás).

A Lei n. 8.029, de 12 de abril de 1990 (Brasil, 1990a), reorganiza os ministérios da República e extingue a Portobrás.

A Lei n. 8.630, de 25 de fevereiro de 1993 (Brasil, 1993b), dispõe "sobre o regime jurídico da exploração dos portos organizados e das instalações portuárias e dá outras providências".

A Lei n. 12.815, de 5 de junho de 2013 (Brasil, 2013b), chamada de Lei de Modernização dos Portos, foi regulamentada pelo Decreto n. 8.033, de 27 de junho de 2013 (Brasil, 2013a), que também estabeleceu demais disposições legais que regulam a exploração de portos organizados e de instalações portuárias.

Em 2021, o Decreto n. 10.672, de 12 de abril de 2021 (Brasil, 2021b), alterou o Decreto n. 8.033/2013.

— 3.2.1 —
Lei de Modernização dos Portos

A exploração dos portos organizados brasileiros, por meio da Lei n. 8.630/1993, trouxe o regime jurídico de exploração dos portos e das instalações portuárias. No entanto, dentro do Programa de Aceleração do Crescimento (PAC), o Ministério do Planejamento, órgão ligado ao Poder Executivo brasileiro, verificou que, para melhorar as exportações, existia a necessidade de modernização das estruturas dos portos brasileiros. Além disso, implantou medidas para a redução de custos com vistas a aumentar a competitividade das exportações, reestruturando a infraestrutura portuária e incentivando o investimento privado (Brasil, 2021e).

Nesse ritmo de modernizações, a Lei n. 8.630/1993 foi revogada no governo da Presidente Dilma Rousseff, que estabeleceu novos regramentos e incentivou a criação de novos terminais portuários privados (Entenda..., 2013).

Em junho de 2013, entrou em vigor a Lei n. 12.815/2013, que dispõe sobre a exploração direta e indireta, pela União, dos portos e instalações portuárias e sobre as atividades desempenhadas pelos operadores portuários. Essa lei reúne um conjunto de medidas para incentivar: a modernização da infraestrutura e da gestão portuária; a expansão dos investimentos privados no setor; a redução de custos e o aumento da eficiência portuária; e a retomada da capacidade de planejamento portuária, com a reorganização institucional do setor e a integração logística entre modais.

— 3.3 —
Porto organizado

Cabe à União a exploração direta ou mediante autorização, concessão ou permissão dos portos marítimos, fluviais e lacustres, conforme prevê o art. 21, inciso XII, alínea "f", da Constituição Federal de 1988 (Brasil, 1988a).

Conforme a Lei n. 12.815/2013, o porto organizado é um

> bem público construído e aparelhado para atender a necessidades de navegação, de movimentação de passageiros ou de movimentação e armazenagem de mercadorias, e cujo tráfego e operações portuárias estejam sob jurisdição de autoridade portuária; (Brasil, 2013b, art. 2º, I)

Esclarece Justen Filho (2020, p. 296):

> O porto organizado é o conjunto de bens cuja finalidade última é o desenvolvimento de atividade portuária permanente e contínua, subordinada ao regime de serviço público. Àquele que explora o porto organizado não é facultado optar por prestar, ou não, o serviço público a ele concedido. Mais, ainda, isso envolve a implantação de infraestrutura e de supraestrutura especificamente destinadas à exploração das atividades portuárias.

Os portos marítimos "são aqueles aptos a receber linhas de navegação oceânicas, tanto em navegação de longo curso (internacionais) como em navegação de cabotagem (domésticas), independente da sua localização geográfica" (Brasil, 2015c).

Segundo a Lei n. 12.815/2013, a área do porto organizado é a "área delimitada por ato do Poder Executivo que compreende as instalações portuárias e a infraestrutura de proteção e de acesso ao porto organizado" (Brasil, 2013b, art. 2º, II).

Assim, o porto organizado compreende a "instalação localizada dentro ou fora de sua área e utilizada para a movimentação de passageiros, em movimentação ou armazenagem de mercadorias, destinadas ou provenientes de transporte aquaviário" (Brasil, 2013b, art. 2º, III).

É importante destacar que, nos portos organizados no território brasileiro, dentro dos limites da área portuária, a Adminsitração do Porto é a autoridade responsável pelo funcionamento das instalações portuárias, tanto da parte terrestre quanto da parte marítima (Brasil, 1965, art. 1º).

A União deverá, por meio de descentralização admistrativa, garantir a prestação do serviço portuário tanto para a iniciativa pública quanto para a iniciativa privada. Citamos como exemplo a Autoridade Portuária de Santos, que é uma empresa pública vinculada ao Ministério da Infraestrutura, responsável pela administração portuária do Porto Organizado de Santos (SP), pela fiscalização e gestão em conjunto com o Ministério da Infraestrutura e a Agência Nacional de Transportes Aquaviários (Antaq) e pela exploração das áreas que constituem o porto mediante arrendamentos, cessão e servidões (São Paulo, 2021).

Apenas para exemplificar, o Porto de Santos, nos meses de janeiro e fevereiro de 2021, entre seus terminais privados e públicos, movimentou 20.111.753 (vinte milhões, cento e onze mil e setecentas e cinquenta e três) toneladas, sendo 44,7% do total referentes à movimentação de carga geral, 41,6% à movimentação de sólidos a granel, e 13,7%, de líquidos a granel (São Paulo, 2021). Ainda, verifica-se 65,8% referentes a mercadorias exportadas e 34,2%, referentes à importação, conforme indicado no gráfico a seguir.

Gráfico 3.1 – Movimentação de mercadorias do Porto de Santos

Total jan./fev. 2021 = 20.111.753 toneladas

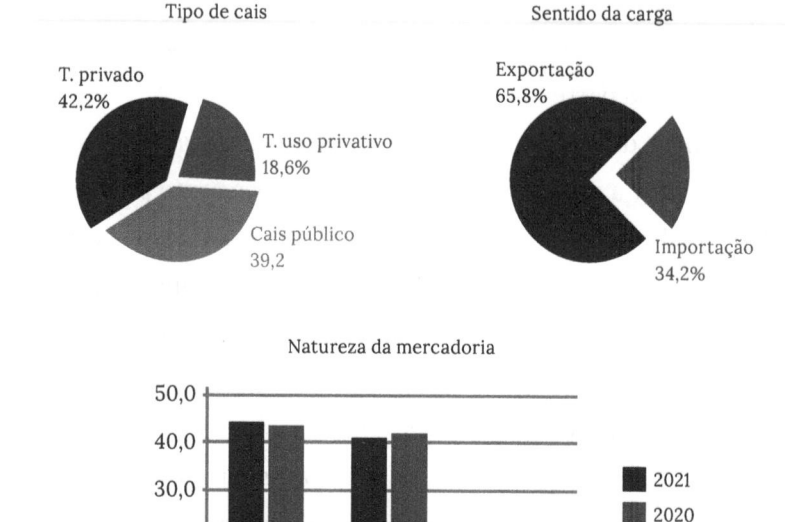

Tipo de cais

- T. privado 42,2%
- T. uso privativo 18,6%
- Cais público 39,2

Sentido da carga

- Exportação 65,8%
- Importação 34,2%

Natureza da mercadoria

	2021	2020
Carga geral	44,7	42,9
Sólidos a granel	41,6	42,6
Líquidos a granel	13,7	14,5

Fonte: São Paulo, 2021, p. 6

Outro exemplo é a Administração dos Portos de Paranaguá e Antonina, que funciona como empresa pública estadual responsável por gerir os terminais portuários paranaenses. É dirigida por um conselho administrativo e uma diretoria executiva, e está subordinada à Secretaria de Estado de Infraestrutura e Logística do Estado do Paraná, com convênio de delegação vinculado ao Governo Federal (Paraná, 2021).

Figura 3.2 – Exemplo de terminal público

Rodolfo Buhrer / La Imagem / Fotoarena

Figura 3.3 – Berço de atracação no Porto de Paranaguá

Tatiana Lazzaretti Zempulski

Os terminais dentro do porto organizado podem ser públicos ou privados. De acordo com Justen Filho (2020, p. 303), "os terminais públicos são implantados nas áreas públicas, no interno de um porto organizado, mediante um contrato de arrendamento, com prazo de até vinte e cinco anos (renováveis por outro tanto)".

> Os terminais privados são implantados em áreas privadas (propriedade ou domínio útil na titularidade de um particular). A lei exige uma autorização estatal, que pode prevalecer de modo contínuo, sem limites temporais. Todos os investimentos são privados e não dependem de manifestação do Poder Público. Os preços são livres e a contratação de mão de obra faz-se livremente. (Justen Filho, 2020, p. 304)

Portanto, as atividades portuárias ocorridas no porto organizado, em seus terminais, são diversas e submetidas a regimes jurídicos diferentes, de direito público e direito privado, sendo assegurado o desempenho das atividades portuárias principais, como embarque e desembarque de mercadorias e de pessoas, além do desenvolvimento de atividades acessórias (Justen Filho, 2020).

A seguir, apresentamos um exemplo de terminal privado de contêineres.

Figura 3.4 – Terminal de Contêineres do Porto de Santa Marta, Colômbia

— 3.3.1 —
Autoridades portuárias

Quando um navio atraca em um porto brasileiro, deve ocorrer a inspeção sanitária e médica, pois é preciso verificar se a tripulação a bordo não é portadora de alguma doença contagiosa. Também é preciso apresentar vários documentos, conforme Resolução da Diretoria Colegiada (RDC) n. 10, de 9 de fevereiro de 2012 (Anvisa, 2012), da Agência Nacional de Vigilância Sanitária (Anvisa):

Art. 9º As embarcações devem entregar à autoridade sanitária do porto de controle sanitário a qual se destina, quando da Solicitação de Certificado ou da Comunicação de Chegada, os documentos abaixo relacionados:

I – Declaração Marítima de Saúde, assinada pelo comandante ou por oficial tripulante por ele designado.

II – lista de Viajantes, com respectivos locais e datas de embarque e desembarque; e

III – cópia do Certificado de Isenção de Controle Sanitário de Bordo ou Certificado de Controle Sanitário de Bordo válido ou Certificado Nacional de Isenção de Controle Sanitário de Bordo ou Certificado Nacional de Controle Sanitário de Bordo válido, assinada pelo comandante ou por oficial tripulante por ele designado. (NR)

Para casos de crise sanitária, como a ocorrida em 2020/2021 em razão da pandemia decorrente do Sars-CoV-2, vírus causador da covid-19, a Anvisa editou recomendação técnica para inspeção de tripulantes que vão trabalhar em embarcações, assim como para os tripulantes que desembarcam de navios e embarcações estrangeiras para que não ocorra a disseminação do Sars-CoV-2, como o isolamento, a quarentena, se forem detectados sintomas e, atualmente, a apresentação de testes que comprovem a inexistência da doença e também comprovantes de vacina (Anvisa, 2020).

A autoridade portuária é a pessoa jurídica que administra o porto e cuja competência está prevista no art. 17 da Lei n. 12.815/2013:

Art. 17. A administração do porto é exercida diretamente pela União, pela delegatária ou pela entidade concessionária do porto organizado.

§ 1º Compete à administração do porto organizado, denominada autoridade portuária:

I – cumprir e fazer cumprir as leis, os regulamentos e os contratos de concessão;

II – assegurar o gozo das vantagens decorrentes do melhoramento e aparelhamento do porto ao comércio e à navegação;

III – pré-qualificar os operadores portuários, de acordo com as normas estabelecidas pelo poder concedente;

IV – arrecadar os valores das tarifas relativas às suas atividades;

V – fiscalizar ou executar as obras de construção, reforma, ampliação, melhoramento e conservação das instalações portuárias;

VI – fiscalizar a operação portuária, zelando pela realização das atividades com regularidade, eficiência, segurança e respeito ao meio ambiente;

VII –promover a remoção de embarcações ou cascos de embarcações que possam prejudicar o acesso ao porto;

VIII – autorizar a entrada e saída, inclusive atracação e desatracação, o fundeio e o tráfego de embarcação na área do porto, ouvidas as demais autoridades do porto;

IX – autorizar a movimentação de carga das embarcações, ressalvada a competência da autoridade marítima em situações de assistência e salvamento de embarcação, ouvidas as demais autoridades do porto;

X – suspender operações portuárias que prejudiquem o funcionamento do porto, ressalvados os aspectos de interesse da autoridade marítima responsável pela segurança do tráfego aquaviário;

XI – reportar infrações e representar perante a Antaq, visando à instauração de processo administrativo e aplicação das penalidades previstas em lei, em regulamento e nos contratos;

XII – adotar as medidas solicitadas pelas demais autoridades no porto;

XIII – prestar apoio técnico e administrativo ao conselho de autoridade portuária e ao órgão de gestão de mão de obra;

XIV – estabelecer o horário de funcionamento do porto, observadas as diretrizes da Secretaria de Portos da Presidência da República, e as jornadas de trabalho no cais de uso público; e

XV – organizar a guarda portuária, em conformidade com a regulamentação expedida pelo poder concedente.

§ 2º A autoridade portuária elaborará e submeterá à aprovação da Secretaria de Portos da Presidência da República o respectivo Plano de Desenvolvimento e Zoneamento do Porto.

§ 3º O disposto nos incisos IX e X do § 1º não se aplica à embarcação militar que não esteja praticando comércio.

§ 4º A autoridade marítima responsável pela segurança do tráfego pode intervir para assegurar aos navios da Marinha do Brasil a prioridade para atracação no porto. (Brasil, 2013b)

A autoridade marítima é responsável pelas inspeções das embarcações e de navios brasileiros e estrangeiros, pelo tráfego aquaviário, conforme dispõe o art. 17, parágrafo 4º, da Lei n. 12.815/2013, que apresentamos na citação anterior. Além disso, a autoridade marítima tem as seguintes atribuições, previstas no art. 3º da Lei n. 9.537, de 11 de dezembro de 1997 (Brasil, 1997b):

> Art. 3º Cabe à autoridade marítima promover a implementação e a execução desta Lei, com o propósito de assegurar a salvaguarda da vida humana e a segurança da navegação, no mar aberto e hidrovias interiores, e a prevenção da poluição ambiental por parte de embarcações, plataformas ou suas instalações de apoio.
>
> Parágrafo único. No exterior, a autoridade diplomática representa a autoridade marítima, no que for pertinente a esta Lei.

A Lei n. 9.537/1997 também dispõe, em seu art. 4º, que são atribuições da autoridade marítima:

> I – elaborar normas para:
>
> a) habilitação e cadastro dos aquaviários e amadores;
>
> b) tráfego e permanência das embarcações nas águas sob jurisdição nacional, bem como sua entrada e saída de portos, atracadouros, fundeadouros e marinas;

c) realização de inspeções navais e vistorias;

d) arqueação, determinação da borda livre, lotação, identificação e classificação das embarcações;

e) inscrição das embarcações e fiscalização do Registro de Propriedade;

f) cerimonial e uso dos uniformes a bordo das embarcações nacionais;

g) registro e certificação de helipontos das embarcações e plataformas, com vistas à homologação por parte do órgão competente;

h) execução de obras, dragagens, pesquisa e lavra de minerais sob, sobre e às margens das águas sob jurisdição nacional, no que concerne ao ordenamento do espaço aquaviário e à segurança da navegação, sem prejuízo das obrigações frente aos demais órgãos competentes;

i) cadastramento e funcionamento das marinas, clubes e entidades desportivas náuticas, no que diz respeito à salvaguarda da vida humana e à segurança da navegação no mar aberto e em hidrovias interiores;

j) cadastramento de empresas de navegação, peritos e sociedades classificadoras;

l) estabelecimento e funcionamento de sinais e auxílios à navegação;

m) aplicação de penalidade pelo Comandante;

II – regulamentar o serviço de praticagem, estabelecer as zonas de praticagem em que a utilização do serviço é obrigatória e especificar as embarcações dispensadas do serviço;

III – determinar a tripulação de segurança das embarcações, assegurado às partes interessadas o direito de interpor recurso, quando discordarem da quantidade fixada;

IV – determinar os equipamentos e acessórios que devam ser homologados para uso a bordo de embarcações e plataformas e estabelecer os requisitos para a homologação;

V – estabelecer a dotação mínima de equipamentos e acessórios de segurança para embarcações e plataformas;

VI – estabelecer os limites da navegação interior;

VII – estabelecer os requisitos referentes às condições de segurança e habitabilidade e para a prevenção da poluição por parte de embarcações, plataformas ou suas instalações de apoio;

VIII – definir áreas marítimas e interiores para constituir refúgios provisórios, onde as embarcações possam fundear ou varar, para execução de reparos;

IX – executar a inspeção naval;

X – executar vistorias, diretamente ou por intermédio de delegação a entidades especializadas. (Brasil, 1997b, art. 4º)

Comissão Nacional de Segurança Pública nos Portos Terminais e Vias Navegáveis (Conportos)

O controle de entrada e saída de embarcações estrangeiras, fazendo vistorias do embarque e do desembarque de passageiros, tripulantes, conforme previsão, é feito pela Polícia Federal, por meio da Comissão Nacional de Segurança Pública nos Portos Terminais e Vias Navegáveis (Conportos), que tem como objetivo elaborar e implementar o sistema de prevenção e repressão a atos ilícitos em portos, terminais e vias navegáveis (Brasil, 2020b).

O Decreto n. 9.861, de 25 de junho de 2019 (Brasil, 2019a), em seu art. 2º, assim dispõe:

> Art. 2º A Conportos é um órgão colegiado deliberativo, de caráter permanente, vinculado ao Ministro de Estado da Justiça e Segurança Pública, que tem por finalidade manter sistema de prevenção e repressão a atos ilícitos nos portos, terminais e vias navegáveis.
>
> Parágrafo único. O sistema de prevenção e repressão de que trata o caput terá por base a legislação nacional, os tratados, as convenções, os códigos internacionais e as respectivas emendas das quais o País seja signatário, que disponham sobre segurança e proteção nos portos, terminais e vias navegáveis. (Brasil, 2019a)

A competência da Conportos está prevista no art. 3º do Decreto n. 9.861/2019:

> Art. 3º Compete à Conportos:
>
> I – dispor, em âmbito nacional, sobre procedimentos de segurança pública nos portos, terminais e vias navegáveis;
>
> II – zelar pelo cumprimento da legislação nacional, dos tratados, das convenções, dos códigos internacionais e das respectivas emendas das quais o País seja signatário que disponham sobre segurança e proteção nos portos, terminais e vias navegáveis;

III – avaliar periodicamente a segurança pública nos portos, terminais e vias navegáveis e encaminhar aos órgãos competentes eventuais necessidades identificadas;

IV – elaborar projetos de segurança pública específicos para os portos, terminais e vias navegáveis e buscar, por meio da Organização Marítima Internacional, assistência técnica e financeira de países doadores e instituições financeiras internacionais;

V – apresentar às autoridades competentes sugestões de consolidação e de aperfeiçoamento de leis e de regulamentos;

VI – avaliar programas de aperfeiçoamento das atividades de segurança pública nos portos, terminais e vias navegáveis;

VII – acompanhar as ocorrências de ilícitos penais nos portos, terminais e vias navegáveis;

VIII – elaborar e alterar seu regimento interno e submetê-lo à aprovação do Ministro de Estado da Justiça e Segurança Pública;

IX – orientar as Cesportos, no que for cabível;

X – informar à Agência Nacional de Transportes Aquaviários a constatação de não conformidades que possam implicar penalidades, tais como a ocorrência de operação portuária fora da área outorgada ou o início da operação de novas instalações portuárias sem que os estudos de avaliação de riscos e os planos de segurança portuária tenham sido previamente aprovados pela Conportos; e

XI – informar a cassação das declarações de cumprimento de instalações portuárias à Secretaria Especial da Receita Federal do Brasil do Ministério da Economia para fins de avaliação dos requisitos e das condições de alfandegamento.

Parágrafo único. A Conportos poderá requerer aos órgãos federais e solicitar aos órgãos estaduais e municipais relacionados à segurança pública portuária o fornecimento de dados estatísticos e de informações relativos às ações de prevenção e de repressão realizadas. (Brasil, 2019a)

A Conportos é composta de vários órgãos, de acordo com o art. 4º do Decreto n. 9.861/2019:

Art. 4º A Conportos é composta por um representante de cada órgão e entidade a seguir:

I – Ministério da Justiça e Segurança Pública, por indicação da Polícia Federal, que a presidirá;

II – Ministério da Defesa, por indicação do Comando da Marinha;

III – Ministério das Relações Exteriores;

IV – Ministério da Economia, por indicação da Secretaria Especial da Receita Federal do Brasil;

V – Ministério da Infraestrutura; e

VI – Agência Nacional de Transportes Aquaviários.

§ 1º Cada membro do colegiado terá, no mínimo, um suplente, que o substituirá em suas ausências e impedimentos.

§ 2º Os membros da Conportos e respectivos suplentes serão indicados pelos titulares dos órgãos que representam e designados pelo Ministro de Estado da Justiça e Segurança Pública. (Brasil, 2019a)

Diretoria de Portos e Costas (DPC)

A Diretoria de Portos e Costas (DPC), segundo a Marinha do Brasil:

> Art. 48. [...] tem por finalidade planejar, dirigir, coordenar e controlar as atividades técnicas e administrativas relacionadas com a Marinha Mercante, quanto à praticagem, segurança das embarcações e instalações portuárias, bem como formação, habitação e qualificação do pessoal marítimo e da indústria de construção naval civil. (Brasil, 1968)

Conselho de Autoridade Portuária (CAP)

O Conselho de Autoridade Portuária (CAP) deve ser criado em cada porto organizado com a finalidade consultiva. A competência do CAP está descrita no Decreto n. 8.033/2013:

> Art. 36. Será instituído em cada porto organizado um conselho de autoridade portuária, órgão consultivo da administração do porto.
>
> § 1º Compete ao conselho de autoridade portuária sugerir:
>
> I – alterações do regulamento de exploração do porto;
>
> II – alterações no plano de desenvolvimento e zoneamento do porto;
>
> III – ações para promover a racionalização e a otimização do uso das instalações portuárias;

IV – medidas para fomentar a ação industrial e comercial do porto;

V – ações com objetivo de desenvolver mecanismos para atração de cargas;

VI – medidas que visem estimular a competitividade; e

VII – outras medidas e ações de interesse do porto.

§ 2º Compete ao conselho de autoridade portuária aprovar o seu regimento interno. (Brasil, 2013a)

A constituição do CAP está prevista no art. 37 do Decreto n. 8.033/2013:

> Art. 37. Cada conselho de autoridade portuária será constituído pelos membros titulares e seus suplentes:
>
> I – do Poder Público, sendo:
>
> a) quatro representantes da União, dentre os quais será escolhido o presidente do conselho;
>
> b) um representante da autoridade marítima;
>
> c) um representante da administração do porto;
>
> d) um representante do Estado onde se localiza o porto; e
>
> e) um representante dos Municípios onde se localizam o porto ou os portos organizados abrangidos pela concessão;
>
> II – da classe empresarial, sendo:
>
> a) dois representantes dos titulares de arrendamentos de instalações portuárias;

b) um representante dos operadores portuários; e

c) um representante dos usuários; e

III – da classe dos trabalhadores portuários, sendo:

a) dois representantes dos trabalhadores portuários avulsos; e

b) dois representantes dos demais trabalhadores portuários.

§ 1º Para os efeitos do disposto neste artigo, os membros e seus suplentes do conselho serão indicados:

I – pelo Ministro de Estado dos Transportes, Portos e Aviação Civil; pelo Comandante da Marinha; pela administração do porto; pelo Governador de Estado e pelo Prefeito do Município, respectivamente, na hipótese prevista no inciso I do *caput*; e (Redação dada pelo Decreto n. 9.048, de 2017)

II – pelas entidades de classe local das respectivas categorias profissionais e econômicas, nos casos dos incisos II e III do *caput*.

§ 2º Ato do Ministro de Estado dos Transportes, Portos e Aviação Civil definirá as entidades responsáveis pela indicação de que trata o inciso II do § 1º e os procedimentos a serem adotados para as indicações. (Redação dada pelo Decreto n. 9.048, de 2017)

§ 3º Os membros do conselho serão designados por ato do Ministro de Estado dos Transportes, Portos e Aviação Civil para mandato de dois anos, admitida uma recondução por igual período. (Redação dada pelo Decreto n. 9.048, de 2017)

§ 4º A participação no conselho de autoridade portuária será considerada prestação de serviço público relevante, não remunerada.

§ 5º As deliberações do conselho serão tomadas de acordo com as seguintes regras:

I – cada representante terá direito a um voto; e

II – o presidente do conselho terá voto de qualidade.

§ 6º Perderá o mandato o membro do conselho que faltar, injustificadamente, a três reuniões consecutivas ou seis alternadas, assumindo a vaga o seu suplente até a efetivação de nova indicação. (Brasil, 2013a)

— 3.3.2 —
Empresas e prestadores de serviços na área portuária

Armadores são as empresas que detêm a propriedade, o arrendamento e a sociedade de navios e que executam os procedimentos necessários para o transporte de cargas entre os portos, bem como operam o itinerário dos navios (Fazcomex, 2021a).

São espécies de armadores:

> **Armador-proprietário**: quando o Armador explora comercialmente navio de sua propriedade;
>
> **Armador-gerente**: aquele que administra o navio que possui mais de um proprietário, sendo o responsável pelo navio em nome desse grupo; e
>
> **Armador-locatário**: aquele que opera um navio que pertence a outrem. O armador-locatário também é denominado afretador. (Fazcomex, 2021a, grifo do original)

Destacamos os principais armadores mundiais no Gráfico 3.2.

Gráfico 3.2 – Principais armadores martítmos, dados de 06/10/2021

6.279 embarcações ativas
Incluindo 5.485 espaços de armazenagem para contêineres

25.091.482 TEU
24.729.950 TEU espaços de armazenagem para contêineres

301.377.686 DWT

Capacidade semanal de negócios regionais
Transatlântico **153.276 TEU**
Transpacífico **658.392 TEU**
Feast-Europe* **437.767 TEU**

Capacidade semanal de negócios regionais
Transatlântico **153.276 TEU**
Transpacífico **658.392 TEU**
Feast-Europe* **437.767 TEU**

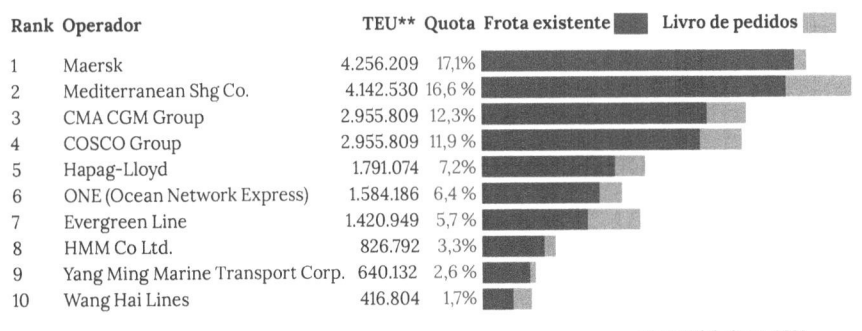

Rank	Operador	TEU**	Quota
1	Maersk	4.256.209	17,1%
2	Mediterranean Shg Co.	4.142.530	16,6%
3	CMA CGM Group	2.955.809	12,3%
4	COSCO Group	2.955.809	11,9%
5	Hapag-Lloyd	1.791.074	7,2%
6	ONE (Ocean Network Express)	1.584.186	6,4%
7	Evergreen Line	1.420.949	5,7%
8	HMM Co Ltd.	826.792	3,3%
9	Yang Ming Marine Transport Corp.	640.132	2,6%
10	Wang Hai Lines	416.804	1,7%

Fonte: Alphaliner, 2021.

Destacamos também os *afretadores*, que são empresas que firmam contratos objetivando a utilização de espaços com armadores, para carga e descarga de navios:

Afretamento é a contratação de navio realizada diretamente com um armador, normalmente para transporte de carga exclusiva, que não encontra em navios de linha regular o espaço suficiente, ou frete desejado, portos de embarque ou desembarque pretendidos; isto é, torna-se necessário buscar no mercado as condições não oferecidas para determinada carga em navios de carreira, aqueles anunciados, e para pequenas, médias e grandes cargas, mas não totais. (Portogente, 2016)

Além disso, há, ainda, as *agências de navegação*, que são os representantes dos armadores para a representação e a intermediação comercial na administração aduaneira; o *despachante aduaneiro*, que é o profissional credenciado na administração aduaneira e portuária; e os *fornecedores de navio*, pessoas físicas ou jurídicas que prestam serviços para os navios e embarcações.

— 3.4 —
Arrendamentos e concessões portuárias

A Lei n. 12.815/2013, em seu art. 2º, dispõe que arrendamento se trata de "cessão onerosa de área e infraestrutura públicas localizadas dentro do porto organizado, para exploração por prazo determinado" (Brasil, 2013b, art. 2º, XI).

A Administração Pública, com o intuito de encontrar novas formas de gestão – modernas, eficazes, com melhores resultados em produtividade, além de especializadas –, resolveu transferir a terceiros a execução de serviços públicos, mediante um procedimento conhecido como *concessão* (Di Pietro, 2018). A "concessão é a delegação contratual da execução do serviço, na forma autorizada e regulamentada pelo Executivo" (Meirelles, 1996, p. 340). Di Pietro (2018, p. 399), ao analisar o instituto da concessão, define que:

> Concessão de serviço público é o contrato administrativo pelo qual a Administração Pública delega a outrem a execução de um serviço público, para que o execute em seu próprio nome, por sua conta e risco, assegurando-lhe a remuneração mediante tarifa paga pelo usuário ou outra forma de remuneração decorrente da exploração do serviço.

Com relação à concessão na área portuária, segundo a Lei n. 12.815/2013, trata-se de "cessão onerosa do porto organizado, com vistas à administração e à exploração de sua infraestrutura por prazo determinado" (Brasil, 2013b, art. 2º, IX).

A concessão e o arrendamento de bem público destinado à atividade portuária devem ser realizados "mediante a celebração de contrato, sempre precedida de licitação, em conformidade com o disposto nesta Lei e no seu regulamento" (Brasil, 2013b, art. 4º).

O Decreto n. 10.672/2021 alterou o inciso IV do art. 6º do Decreto n. 8.033/2013, que regulamenta a Lei de Modernização dos Portos (Lei n. 12.815/2013). Transcrevemos a seguir a nova redação do artigo:

Art. 6º A realização dos estudos prévios de viabilidade técnica, econômica e ambiental do objeto do arrendamento ou da concessão observará as diretrizes do planejamento do setor portuário, de forma a considerar o uso racional da infraestrutura de acesso aquaviário e terrestre e as características de cada empreendimento. (Redação dada pelo Decreto n. 9.048, de 2017)

§ 1º Os estudos de que trata o *caput* poderão ser realizados em versão simplificada, conforme disciplinado pela Antaq, sempre que:

I – não haja alteração substancial da destinação da área objeto da concessão ou do arrendamento;

II – não haja alteração substancial das atividades desempenhadas pela concessionária ou pela arrendatária; (Redação dada pelo Decreto n. 9.048, de 2017)

III – o objeto e as condições da concessão ou do arrendamento permitam, conforme estabelecido pelo poder concedente; ou (Redação dada pelo Decreto n. 9.048, de 2017)

IV – o prazo de vigência do contrato seja, no máximo, de dez anos. (Redação dada pelo Decreto n. 10.672, de 2021)

§ 2º As administrações dos portos encaminharão ao poder concedente e à Antaq todos os documentos e informações necessários ao desenvolvimento dos estudos previstos neste artigo.

§ 3º O poder concedente poderá autorizar a elaboração, por qualquer interessado, dos estudos de que trata o *caput* e, caso esses sejam utilizados para a licitação, deverá assegurar o ressarcimento dos dispêndios correspondentes.

§ 4º O escopo e a profundidade dos estudos de que trata o *caput* considerarão os riscos de engenharia e ambientais associados à complexidade das obras e ao local do empreendimento. (Incluído pelo Decreto n. 9.048, de 2017)

§ 5º As modelagens dos estudos de viabilidade deverão observar a complexidade da atividade econômica dos diversos modelos de terminais portuários, incluídos aqueles associados a outros modelos de exploração econômica. (Incluído pelo Decreto n. 9.048, de 2017). (Brasil, 2013a, grifo nosso)

Salientamos, também, que o Decreto n. 10.672/2021 apresenta a possibilidade de dispensa de licitação quando houver a existência de um único interessado na exploração de instalação portuária localizada no porto organizado. Desse modo, o art. 7º-A do Decreto n. 10.672/2021 determina o seguinte:

Art. 7ºA. A dispensa de licitação de que dispõe o parágrafo único do art. 5º-B da Lei n. 12.815, de 2013, poderá ser realizada quando for comprovada a existência de um único interessado na exploração de instalação portuária localizada no porto organizado.

§ 1º A exploração da instalação portuária observará o plano de desenvolvimento e zoneamento do porto.

§ 2º Para comprovar a existência de um único interessado na exploração da área, a autoridade portuária realizará chamamento público. (Brasil, 2021b)

Ainda, com relação aos trâmites para a dispensa de licitação, citamos os arts. 7º-B, 7º-C e 7º-D do Decreto n. 10.672/2021:

> Art. 7º-B Para a dispensa de licitação, nos termos do disposto no art. 7º-A, o poder concedente solicitará à autoridade portuária, a qualquer tempo, a abertura de chamamento público por meio de divulgação de instrumento convocatório, observadas as diretrizes do planejamento e das políticas do setor portuário.
>
> Parágrafo único. O instrumento convocatório de abertura do chamamento público estabelecerá prazo de trinta dias para identificar a existência de interessados na exploração da área e da instalação portuária, cujo extrato será publicado no Diário Oficial da União e na página eletrônica da autoridade portuária, que conterá minimamente as seguintes informações:
>
> I – o objeto, a área e o prazo;
>
> II – o modo, a forma e as condições da exploração da instalação portuária;
>
> III – a previsão de investimentos mínimos de responsabilidade do contratado;
>
> IV – o perfil das cargas a serem movimentadas;
>
> V – a capacidade de movimentação de passageiros ou cargas;
>
> VI – o valor de garantia de proposta a ser oferecida;
>
> VII – o estudo de viabilidade técnica, econômica e ambiental;
>
> VIII – a minuta do contrato de arrendamento; e
>
> IX – o prazo máximo para a abertura de edital de certame licitatório, caso haja mais de um interessado. (NR)

Art. 7º-C A pessoa jurídica que estiver interessada em atender ao chamamento público deverá manifestar formalmente seu interesse por meio de documento protocolado junto à autoridade portuária.

§ 1º A manifestação de interesse pressupõe o compromisso da pessoa jurídica a:

I – celebrar o contrato de arrendamento, quando for a única interessada; e

II – apresentar proposta válida em certame licitatório, em caso de haver mais de um interessado.

§ 2º A manifestação deverá estar acompanhada de comprovação da prestação de garantia de que trata o inciso VI do parágrafo único do art. 7º-B. (NR)

Art. 7º-D Recebida a manifestação de interesse, a autoridade portuária encaminhará os documentos relativos ao instrumento convocatório ao poder concedente para a adoção das providências relativas a:

I – celebração do contrato de arrendamento, quando houver um único interessado; ou

II – realização do certame licitatório, em caso de haver mais de um interessado.

§ 1º A garantia de proposta de que trata o inciso VI do parágrafo único do art. 7º-B será integralmente restituída após a celebração do contrato de arrendamento.

§ 2º Se houver mais de um interessado, a garantia apresentada no chamamento público será restituída após a apresentação de garantia de proposta válida no âmbito do certame licitatório de que trata o inciso II do *caput*.

§ 3º Decorrido o prazo de que trata o inciso IX do *caput* do art. 7º-B, as garantias apresentadas no chamamento público serão restituídas. (NR) (Brasil, 2021b)

O prazo de validade dos contratos de concessão e de arrendamento sofreu modificação por meio do advento do Decreto n. 10.672/2021, nos seguintes termos:

> Art. 19. Os contratos de concessão e de arrendamento terão prazo determinado, prorrogável por sucessivas vezes, a critério do poder concedente, observados os seguintes limites: (Redação dada pelo Decreto n. 10.672, de 2021)
>
> I – no caso de concessão de porto organizado, os contratos terão prazo de vigência de até setenta anos, incluídos o prazo de vigência original e todas as prorrogações; e (Incluído pelo Decreto n. 10.672, de 2021)
>
> II – no caso de arrendamento de instalação portuária, os contratos terão prazo de vigência de até trinta e cinco anos, e poderão ser prorrogados até o máximo de setenta anos, incluídos o prazo de vigência original e todas as prorrogações. (Incluído pelo Decreto n. 10.672, de 2021)
>
> § 1º Nas hipóteses em que for possível a prorrogação dos contratos, caberá ao órgão ou à entidade competente fundamentar a vantagem das prorrogações em relação à realização de nova licitação de contrato de concessão ou de arrendamento. (Incluído pelo Decreto n. 9.048, de 2017)

§ 2º Os prazos de que trata o *caput* serão fixados de modo a permitir a amortização e a remuneração adequada dos investimentos previstos no contrato, quando houver, conforme indicado no estudo de viabilidade a que se refere o art. 6º. (Incluído pelo Decreto n. 9.048, de 2017)

§ 3º São requisitos para a prorrogação de contratos de concessão ou de arrendamento portuário, sem prejuízo de outros previstos em lei ou regulamento: (Redação dada pelo Decreto n. 9.048, de 2017)

I - a manutenção das condições de: (Incluído pelo Decreto n. 9.048, de 2017)

a) habilitação jurídica; (Incluída pelo Decreto n. 9.048, de 2017)

b) qualificação técnica; (Incluída pelo Decreto n. 9.048, de 2017)

c) qualificação econômico-financeira; (Incluída pelo Decreto n. 9.048, de 2017)

d) regularidade fiscal e trabalhista; e (Incluída pelo Decreto n. 9.048, de 2017)

e) cumprimento do disposto no inciso XXXIII do *caput* do art. 7º da Constituição; (Incluída pelo Decreto n. 9.048, de 2017)

II - a adimplência junto à administração do porto e à Antaq, na forma do art. 62 da Lei n. 12.815, de 2013; e (Incluído pelo Decreto n. 9.048, de 2017)

III - a compatibilidade com as diretrizes e o planejamento de uso e ocupação da área, conforme estabelecido no plano de desenvolvimento e zoneamento do porto. (Incluído pelo Decreto n. 9.048, de 2017) (Brasil, 2013a)

Ainda, com relação aos prazos dos contratos de arredamento, vejamos o que prevê o art. 19-A do Decreto n. 8.033/2013:

> Art. 19-A. Os contratos de arrendamento portuário em vigor firmados sob a Lei n. 8.630, de 25 de fevereiro de 1993, que possuam previsão expressa de prorrogação ainda não realizada poderão ter sua prorrogação antecipada, a critério do poder concedente. (Incluído pelo Decreto n. 9.048, de 2017)
>
> § 1º Considera-se prorrogação antecipada aquela que ocorrer previamente ao último quinquênio de vigência do contrato. (Incluído pelo Decreto n. 9.048, de 2017)
>
> § 2º Além dos requisitos necessários à prorrogação ordinária, a prorrogação antecipada exige a aceitação pelo arrendatário da obrigação de realizar investimentos novos e imediatos, não amortizáveis durante a vigência original do contrato, conforme plano de investimento aprovado pelo poder concedente. (Incluído pelo Decreto n. 9.048, de 2017)
>
> § 3º O plano de investimento a ser apresentado pelo arrendatário para fins de prorrogação antecipada deverá ser analisado pelo poder concedente no prazo de sessenta dias. (Incluído pelo Decreto n. 9.048, de 2017)
>
> § 4º Os investimentos que o arrendatário tenha se obrigado a realizar poderão ser escalonados ao longo da vigência do contrato, conforme o cronograma físico-financeiro previsto no estudo de viabilidade a que se refere o art. 6º, sem prejuízo do atendimento ao disposto no § 2º. (Incluído pelo Decreto n. 9.048, de 2017)

§ 5º A rejeição da prorrogação antecipada não impede que posteriormente seja aprovado novo pedido de prorrogação antecipada com base em outras justificativas ou que seja realizada a prorrogação ordinária do contrato. (Incluído pelo Decreto n. 9.048, de 2017)

§ 6º Sem prejuízo da obrigatoriedade de atendimento ao disposto no § 2º, aplica-se ao cronograma de investimentos, para fins de prorrogação antecipada, o disposto no art. 24-B. (Incluído pelo Decreto n. 9.048, de 2017) (Brasil, 2013a)

O objeto do contrato de concessão, conforme dispõe o art. 20 do Decreto n. 8.033/2013, pode abranger:

> I – o desempenho das funções da administração do porto e a exploração direta e indireta das instalações portuárias;
>
> II – o desempenho das funções da administração do porto e a exploração indireta das instalações portuárias, vedada a sua exploração direta; ou
>
> III – o desempenho, total ou parcial, das funções de administração do porto, vedada a exploração das instalações portuárias. (Brasil, 2013a, art. 20)

— 3.4.1 —
Terminais portuários

A Lei n. 12.815/2013, em seu art. 8º, estabelece que os terminais portuários podem ser explorados por meio de autorização, após o cumprimento de algumas formalidades, como o anúncio e a chamada pública, podendo ocorrer processo seletivo público para as instalações localizadas fora da área do porto organizado, sendo compreendidos o terminal portuário de turismo para transbordo de carga, o terminal de uso privado e a instalação portuária pública de pequeno porte.

O terminal de uso privado é a instalação portuária que é explorada após autorização, que se encontra localizada fora da área do porto organizado (Brasil, 2015c).

Destacamos o art. 26 do Decreto n. 8.033/2013, que dispõe sobre a exploração de terminal portuário:

> Art. 26. Serão exploradas mediante autorização, formalizada por meio da celebração de contrato de adesão, as instalações portuárias localizadas fora da área do porto organizado, compreendendo as seguintes modalidades:
>
> I – terminal de uso privado;
>
> II – estação de transbordo de carga;
>
> III – instalação portuária pública de pequeno porte; e
>
> IV – instalação portuária de turismo.
>
> § 1º O início da operação da instalação portuária deverá ocorrer no prazo de até cinco anos, contado da data da celebração do contrato de adesão, prorrogável a critério do poder concedente. (Redação dada pelo Decreto n. 9.048, de 2017)

§ 2º O pedido de prorrogação do prazo para o início da operação deverá ser justificado e acompanhado de documentação que comprove a exequibilidade do novo cronograma. (Brasil, 2013a)

A celebração do contrato de concessão ou arrendamento para a instalação de terminais portuários e a expedição de autorização serão precedidas de:

I - consulta à autoridade aduaneira;

II - consulta ao respectivo poder público municipal; e

III - emissão, pelo órgão licenciador, do termo de referência para os estudos ambientais com vistas ao licenciamento. (Brasil, 2013b, art. 14)

Figura 3.5 - Terminal de conteinêres

Figura 3.6 – Porto de Santa Marta – Colômbia

— 3.5 —
Agência Nacional de Transportes Aquaviários (Antaq)

A Antaq é:

> uma entidade que integra a Administração Federal indireta, de regime autárquico especial, com personalidade jurídica de direito público, independência administrativa, autonomia financeira e funcional, vinculada ao Ministério da Infraestrutura. Foi criada pela Lei n. 10.233, de 05 de junho de 2001 e instalada em 17 de fevereiro de 2002. (Antaq, 2021b)

A finalidade da Antaq é implantar as políticas formuladas "pelo Ministério da Infraestrutura, segundo os princípios e diretrizes estabelecidos na legislação", bem como "regular, supervisionar e fiscalizar as atividades de prestação de serviços de transporte aquaviário e de exploração da infraestrutura portuária e aquaviária" (Antaq, 2021b).

O foco de atuação da Antaq é a navegação fluvial, lacustre e de travessia. Além disso, atua na navegação de apoio marítimo, de apoio portuário, de cabotagem e de longo curso. Verifica-se sua atuação nos portos organizados e nas instalações portuárias neles localizadas; nos terminais de uso privado; nas estações de transbordo de carga; nas instalações portuárias públicas de pequeno porte; e nas instalações portuárias de turismo (Antaq, 2021b).

Vejamos, a seguir, o teor do art. 27 do Decreto n. 8.033/2013, que determina o rol de documentos que os interessados em obter autorização para a instalação portuária devem requerer à Antaq:

> Art. 27. Os interessados em obter a autorização de instalação portuária poderão requerê-la à Antaq, a qualquer tempo, mediante a apresentação dos seguintes documentos, entre outros que poderão ser exigidos pela Antaq:
>
> I – declaração de adequação do empreendimento às diretrizes do planejamento e das políticas do setor portuário, emitida pelo poder concedente; (Redação dada pelo Decreto n. 9.048, de 2017)

II – memorial descritivo das instalações, com as especificações estabelecidas pela Antaq, que conterá, no mínimo: (Redação dada pelo Decreto n. 9.048, de 2017)

a) descrição da poligonal das áreas por meio de coordenadas georreferenciadas, discriminando separadamente a área pretendida em terra, a área pretendida para instalação de estrutura física sobre a água, a área pretendida para berços de atracação e a área necessária para a bacia de evolução e para o canal de acesso; (Incluída pelo Decreto n. 9.048, de 2017)

b) descrição dos acessos terrestres e aquaviários existentes e aqueles a serem construídos; (Incluída pelo Decreto n. 9.048, de 2017)

c) descrição do terminal, inclusive quanto às instalações de acostagem e armazenagem, os seus berços de atracação e as suas finalidades; (Incluída pelo Decreto n. 9.048, de 2017)

d) especificação da embarcação-tipo por berço; (Incluída pelo Decreto n. 9.048, de 2017)

e) descrição dos principais equipamentos de carga e descarga das embarcações e de movimentação das cargas nas instalações de armazenagem, informando a quantidade existente, a capacidade e a utilização; (Incluída pelo Decreto n. 9.048, de 2017)

f) cronograma físico e financeiro para a implantação da instalação portuária; (Incluída pelo Decreto n. 9.048, de 2017)

g) estimativa da movimentação de cargas ou de passageiros; e (Incluída pelo Decreto n. 9.048, de 2017)

h) valor global do investimento; (Incluída pelo Decreto n. 9.048, de 2017)

III – título de propriedade, inscrição de ocupação, certidão de aforamento ou contrato de cessão sob regime de direito real, ou outro instrumento jurídico que assegure o direito de uso e fruição do terreno; (Incluído pelo Decreto n. 9.048, de 2017)

IV – comprovação do atendimento ao disposto no art. 14 da Lei n. 12.815, de 2013; (Incluído pelo Decreto n. 9.048, de 2017)

V – documentação comprobatória de sua regularidade perante as Fazendas federal, estadual e municipal da sede da pessoa jurídica e o Fundo de Garantia do Tempo de Serviço – FGTS; e (Incluído pelo Decreto n. 9.048, de 2017)

VI – parecer favorável da autoridade marítima, que deverá responder à consulta em prazo não superior a quinze dias. (Incluído pelo Decreto n. 9.048, de 2017)

§ 1º Recebido o requerimento de autorização, a Antaq deverá: (Incluído pelo Decreto n. 9.048, de 2017)

I – publicar em seu sítio eletrônico, em até cinco dias, a íntegra do conteúdo do requerimento e seus anexos; e (Incluído pelo Decreto n. 9.048, de 2017)

II – desde que a documentação esteja em conformidade com o disposto no caput, promover, em até dez dias, a abertura de processo de anúncio público, com prazo de trinta dias, a fim de identificar a existência de outros interessados em autorização de instalação portuária na mesma região e com características semelhantes. (Incluído pelo Decreto n. 9.048, de 2017)

§ 2º Em relação às áreas da União necessárias à implantação da instalação portuária, a Antaq poderá admitir, para os fins do disposto no inciso III do caput, a apresentação de certidão emitida pela Secretaria do Patrimônio da União do Ministério do Planejamento, Desenvolvimento e Gestão que ateste que a área requerida se encontra disponível para futura destinação ao empreendedor autorizado pelo poder concedente. (Incluído pelo Decreto n. 9.048, de 2017)

§ 3º Na hipótese de ser admitido o processamento do pedido de autorização com base na certidão de que trata o § 2º, o contrato de adesão poderá ser celebrado pelo poder concedente com condição suspensiva de sua eficácia à apresentação, pelo interessado e em prazo a ser estabelecido no contrato, da documentação que lhe assegure o direito de uso e fruição da área. (Incluído pelo Decreto n. 9.048, de 2017)

§ 4º A seleção do empreendedor portuário pelo poder concedente, mediante a assinatura do contrato de adesão, autoriza a Secretaria do Patrimônio da União do Ministério do Planejamento, Desenvolvimento e Gestão a destinar diretamente ao interessado a área correspondente, tanto a parte terrestre quanto a aquática, independentemente de contiguidade, desde que observado o disposto no parágrafo único do art. 42 da Lei n. 9.636, de 15 de maio de 1998, quando se tratar de cessão de uso. (Incluído pelo Decreto n. 9.048, de 2017)

§ 5º A apresentação de documentação em desconformidade com o disposto neste Decreto ou com as normas da Antaq ensejará a desclassificação da proposta e a convocação dos demais interessados na ordem de classificação no processo seletivo público. (Incluído pelo Decreto n. 9.048, de 2017) (Brasil, 2013b)

A atuação da Antaq pode ser observada também nos arts. 28 a 34 do Decreto n. 8.033/2013:

> Art. 28. O poder concedente poderá determinar à Antaq, a qualquer momento e em consonância com as diretrizes do planejamento e das políticas do setor portuário, a abertura de processo de chamada pública para identificar a existência de interessados na obtenção de autorização de instalação portuária.
>
> Art. 29. O instrumento da abertura de chamada ou de anúncio públicos, cujos extratos serão publicados no Diário Oficial da União e no sítio eletrônico da Antaq, indicará obrigatoriamente os seguintes parâmetros:
>
> I – a região geográfica na qual será implantada a instalação portuária;
>
> II – o perfil das cargas a serem movimentadas; e
>
> III – a estimativa do volume de cargas ou de passageiros a ser movimentado nas instalações portuárias.
>
> § 1º O perfil de cargas a serem movimentadas será classificado conforme uma ou mais das seguintes modalidades:
>
> I – granel sólido;
>
> II – granel líquido e gasoso;
>
> III – carga geral; ou
>
> IV – carga conteinerizada.

§ 2º Todas as propostas apresentadas durante o prazo de chamada ou de anúncio públicos, que se encontrem na mesma região geográfica, deverão ser reunidas em um mesmo procedimento e analisadas conjuntamente, independentemente do tipo de carga.

§ 3º Para participar de chamada ou de anúncio públicos, os demais interessados deverão apresentar a documentação exigida no caput do art. 27.

Art. 30. A análise de viabilidade locacional fica delegada à Antaq. (Redação dada pelo Decreto n. 9.048, de 2017)

Parágrafo único. Para os fins deste Decreto, considera-se viabilidade locacional a possibilidade da implantação física de duas ou mais instalações portuárias na mesma região geográfica que não gere impedimento operacional a qualquer uma delas.

Art. 31. Poderão ser expedidas diretamente, independente da realização de processo seletivo público, as autorizações de instalação portuária quando:

I – o processo de chamada ou anúncio públicos for concluído com a participação de um único interessado; ou

II – não existir impedimento locacional à implantação concomitante de todas as instalações portuárias solicitadas.

Parágrafo único. Em qualquer caso, somente poderão ser autorizadas as instalações portuárias compatíveis com as diretrizes do planejamento e das políticas do setor portuário.

Art. 32. Nos casos de inviabilidade locacional à implantação concomitante das instalações portuárias solicitadas, a Antaq deverá:

I – definir os critérios de julgamento a serem utilizados no processo seletivo público; e

II – conferir prazo de trinta dias para que os interessados reformulem suas propostas, adaptando-as à participação no processo seletivo público.

§ 1º Eliminado o impedimento locacional após a reformulação prevista no inciso II do caput, as propostas deverão ser novamente submetidas à aprovação do poder concedente, que poderá autorizar as instalações portuárias na forma do art. 31.

§ 2º Mantido o impedimento locacional após a reformulação prevista no inciso II do caput, caberá à Antaq promover processo seletivo público para seleção da melhor proposta.

§ 3º A Antaq disciplinará os procedimentos e prazos para realização do processo seletivo público de que trata este artigo.

§ 4º Será exigida garantia de execução do autorizatário apenas no caso de realização de processo seletivo público, na forma estabelecida pelas normas da Antaq. (Incluído pelo Decreto n. 9.048, de 2017)

Art. 33. (Revogado pelo Decreto n. 9.048/2017)

Art. 34. Encerrados os procedimentos para autorização, a Antaq enviará a documentação ao poder concedente para a celebração do contrato de adesão. (Redação dada pelo Decreto n. 9.048, de 2017)

Parágrafo único. Celebrados os contratos de adesão, os processos serão restituídos à Antaq para acompanhamento. (Brasil, 2013a)

Neste capítulo, abordamos o direito portuário, sua importância para o desenvolvimento econômico do Brasil, desde a abertura dos portos no governo de Dom João VI até as leis e os órgãos da Administração Pública direta e indireta que auxiliam no funcionamento dos portos do Brasil.

No próximo capítulo, apresentaremos os sujeitos do direito portuário.

Exercícios

1. (FGV – Companhia das Docas do Estado da Bahia – Autoridade Portuária – 2015) A respeito da Lei dos Portos – Lei n. 12.815/2013, assinale a afirmativa correta:

    a. O trabalho portuário de capatazia e estiva nos portos organizados será realizado somente por trabalhadores portuários com vínculo empregatício por prazo determinado.

    b. O órgão de gestão de mão de obra não responde por prejuízos causados pelos trabalhadores portuários avulsos aos tomadores dos seus serviços ou a terceiros.

    c. A gestão da mão de obra do trabalho portuário avulso não se sujeita às normas do contrato, convenção ou acordo coletivo de trabalho.

d. O órgão de gestão de mão de obra é reputado de utilidade pública, sendo-lhe facultado ter fins lucrativos e prestar serviços a terceiros.

e. O órgão de gestão de mão de obra não pode ceder trabalhador portuário avulso em caráter permanente ao operador portuário.

2. (FGV – Companhia das Docas do Estado da Bahia – Autoridade Portuária – 2015) A administração do porto é exercida diretamente pela União, pela delegatária ou pela entidade concessionária do porto organizado. Sobre as competências da administração do porto organizado, denominada autoridade portuária, analise as afirmativas a seguir.

i. Ela deve fiscalizar ou executar as obras de construção, reforma, ampliação, melhoramento e conservação das instalações portuárias.

ii. Ela deve autorizar a remoção de mercadorias da área portuária para outros locais, alfandegados ou não, nos casos e na forma prevista na legislação aduaneira.

iii. Ela deve administrar a aplicação de regimes suspensivos, exonerativos ou devolutivos de tributos às mercadorias importadas ou a exportar.

Assinale:
a. se somente a afirmativa I estiver correta.
b. se somente a afirmativa II estiver correta.

c. se somente a afirmativa III estiver correta.
d. se somente as afirmativas I e II estiverem corretas.
e. se somente as afirmativas II e III estiverem corretas.

3. (FGV – Companhia das Docas do Estado da Bahia – Autoridade Portuária – 2015) Acerca da disciplina dos contratos de concessão e de arrendamento trazida no Decreto n. 8.033/2013, assinale a afirmativa correta.

   a. Os contratos de concessão e de arrendamento terão prazo livremente fixado pelo poder concedente, desde que não superior a trinta anos.
   b. Os contratos celebrados entre a concessionária e terceiros terão sua vigência máxima limitada ao prazo previsto para a concessão.
   c. Os contratos celebrados entre a concessionária e terceiros serão regidos pelas normas de direito público, garantida a subsidiariedade da relação jurídica entre os terceiros e o poder concedente.
   d. Os contratos de arrendamento e demais instrumentos voltados à exploração de áreas nos portos organizados vigentes no momento da celebração do contrato de concessão não poderão ter sua titularidade transferida à concessionária.
   e. Os contratos de concessão e arrendamento deverão resguardar o direito de passagem de infraestrutura de terceiros na área objeto dos contratos, conforme disciplinado pela ANTAQ, independentemente de indenização.

4. (FGV – Companhia das Docas do Estado da Bahia – Autoridade Portuária – 2015) Na forma da Lei n. 12.815/2013, assinale a opção que apresenta o conceito legal correto.

   a. Concessão é a cessão onerosa do porto organizado, com vistas à administração e à exploração de sua infraestrutura por prazo indeterminado.

   b. Arrendamento é a cessão onerosa de área e infraestrutura públicas localizadas dentro do porto organizado, para exploração por prazo indeterminado.

   c. Autorização é a outorga de direito à exploração de instalação portuária localizada dentro da área do porto organizado e formalizada mediante contrato de adesão.

   d. Delegação é a transferência, mediante convênio, da administração e da exploração do porto organizado para Municípios ou Estados, ou a consórcio público.

   e. Operador portuário é a pessoa física ou jurídica pré-qualificada para exercer as atividades de movimentação de passageiros ou movimentação e armazenagem de mercadorias, destinadas ou provenientes de transporte aquaviário, dentro ou fora da área do porto organizado.

Capítulo 4

Sujeitos do direito portuário

Os sujeitos do direito portuário são: os operadores portuários; o Órgão de Gestão de Mão de Obra (OGMO); os empregados portuários; e os trabalhadores portuários avulsos.

— 4.1 —
Operadores portuários

O *operador portuário*, conforme a Lei n. 12.815, de 5 de junho de 2013 (Brasil, 2013b, art. 2º, XIII), é a pessoa jurídica, pré-qualificada pela administração do porto, responsável pela coordenação das operações portuárias que efetuar. De acordo com a Lei n. 12.815/2013, "A pré-qualificação do operador portuário será efetuada perante a administração do porto, conforme normas estabelecidas pelo poder concedente" (Brasil, 2013b, art. 25).

O operador portuário detém responsabilidades que estão estabelecidas no art. 26 da Lei n. 12.815/2013, conforme indicado a seguir:

> Art. 26. O operador portuário responderá perante:
>
> I – a administração do porto pelos danos culposamente causados à infraestrutura, às instalações e ao equipamento de que a administração do porto seja titular, que se encontre a seu serviço ou sob sua guarda;
>
> II – o proprietário ou consignatário da mercadoria pelas perdas e danos que ocorrerem durante as operações que realizar ou em decorrência delas;

> III – o armador pelas avarias ocorridas na embarcação ou na mercadoria dada a transporte;
>
> IV – o trabalhador portuário pela remuneração dos serviços prestados e respectivos encargos;
>
> V – o órgão local de gestão de mão de obra do trabalho avulso pelas contribuições não recolhidas;
>
> VI – os órgãos competentes pelo recolhimento dos tributos incidentes sobre o trabalho portuário avulso; e
>
> VII – a autoridade aduaneira pelas mercadorias sujeitas a controle aduaneiro, no período em que lhe estejam confiadas ou quando tenha controle ou uso exclusivo de área onde se encontrem depositadas ou devam transitar.
>
> Parágrafo único. Compete à administração do porto responder pelas mercadorias a que se referem os incisos II e VII do caput quando estiverem em área por ela controlada e após o seu recebimento, conforme definido pelo regulamento de exploração do porto. (Brasil, 2013b)

Além das responsabilidades já expostas, o operador portuário deve cumprir as normas estabelecidas pela Agência Nacional de Transportes Aquaviários (Antaq), que estão previstas no art. 27 da Lei n. 12.815/2013:

> Art. 27. As atividades do operador portuário estão sujeitas às normas estabelecidas pela Antaq.
>
> § 1º O operador portuário é titular e responsável pela coordenação das operações portuárias que efetuar.

§ 2º A atividade de movimentação de carga a bordo da embarcação deve ser executada de acordo com a instrução de seu comandante ou de seus prepostos, responsáveis pela segurança da embarcação nas atividades de arrumação ou retirada da carga, quanto à segurança da embarcação. (Brasil, 2013b)

— 4.2 —
Órgão de Gestão de Mão de Obra (OGMO)

O OGMO foi criado pela Lei n. 8.630, de 25 de fevereiro de 1993 (Brasil, 1993b), que foi revogada pela Lei n. 12.815/2013, e tem como principal função administrar a requisição de trabalhadores portuários avulsos, de diversas categorias, arrecadando e repassando aos trabalhadores a remuneração pela prestação de serviços na faixa portuária, dentro do porto organizado.

A escala de trabalho, atualmente eletrônica, para os trabalhadores portuários é feita de acordo com a necessidade do operador portuário, dependendo do tipo de terminal e da espécie de carga que está sendo importada ou exportada.

No que se refere à constituição do OGMO, dispõe o art. 32 da Lei n. 12.815/2013:

> Art. 32. Os operadores portuários devem constituir em cada porto organizado um órgão de gestão de mão de obra do trabalho portuário, destinado a:

I – administrar o fornecimento da mão de obra do trabalhador portuário e do trabalhador portuário avulso;

II – manter, com exclusividade, o cadastro do trabalhador portuário e o registro do trabalhador portuário avulso;

III – treinar e habilitar profissionalmente o trabalhador portuário, inscrevendo-o no cadastro;

IV – selecionar e registrar o trabalhador portuário avulso;

V – estabelecer o número de vagas, a forma e a periodicidade para acesso ao registro do trabalhador portuário avulso;

VI – expedir os documentos de identificação do trabalhador portuário; e

VII – arrecadar e repassar aos beneficiários os valores devidos pelos operadores portuários relativos à remuneração do trabalhador portuário avulso e aos correspondentes encargos fiscais, sociais e previdenciários.

Parágrafo único. Caso celebrado contrato, acordo ou convenção coletiva de trabalho entre trabalhadores e tomadores de serviços, o disposto no instrumento precederá o órgão gestor e dispensará sua intervenção nas relações entre capital e trabalho no porto. (Brasil, 2013b)

O OGMO tem como principal função administrar o fornecimento de mão de obra do trabalhador portuário avulso nos termos da lei, do contrato, da convenção ou do acordo coletivo de trabalho (Brasil, 2013b, art. 33).

O OGMO deve ter um conselho de supervisão e uma diretoria executiva, conforme prevê o art. 38 do Decreto n. 8.033, de 27 de junho de 2013 (Brasil, 2013a), nos seguintes termos:

> Art. 38. O órgão de gestão de mão de obra terá, obrigatoriamente, um conselho de supervisão e uma diretoria-executiva.
>
> § 1º O conselho de supervisão será composto por três membros titulares, e seus suplentes, cujo prazo de gestão será de três anos, admitida a redesignação, sendo: (Redação dada pelo Decreto n. 9.048, de 2017)
>
> I – um indicado pela entidade de classe local, responsável pela indicação do representante dos operadores portuários no Conselho de Autoridade Portuária; (Redação dada pelo Decreto n. 9.048, de 2017)
>
> II – um indicado pela entidade de classe local, responsável pela indicação do representante dos usuários no Conselho de Autoridade Portuária; e (Redação dada pelo Decreto n. 9.048, de 2017)
>
> III – um indicado pela maioria das entidades de classe local, responsável pelas indicações dos representantes do segmento laboral no Conselho de Autoridade Portuária. (Incluído pelo Decreto n. 9.048, de 2017)
>
> § 2º Ato do Ministro de Estado dos Transportes, Portos e Aviação Civil definirá os procedimentos a serem adotados para as indicações de que trata o § 1º e os critérios de desempate. (Redação dada pelo Decreto n. 9.048, de 2017)

§ 3º A Diretoria-Executiva será composta por um ou mais diretores, que serão designados e destituídos a qualquer tempo, pela entidade local, responsável pela indicação do representante dos operadores portuários no Conselho de Autoridade Portuária, cujo prazo de gestão será de três anos, permitida a redesignação. (Redação dada pelo Decreto n. 9.048, de 2017)

§ 4º Caso a Diretoria-Executiva seja composta por dois membros ou mais, um deles poderá ser indicado pelas respectivas entidades de classe das categorias profissionais relativas às atividades previstas no § 1º do art. 40 da Lei n. 12.815, de 2013, conforme definido em convenção coletiva.

§ 5º Até um terço dos membros do conselho de supervisão poderá ser designado para exercício de cargos de diretores. (Brasil, 2013a)

— 4.3 —
Trabalhadores portuários avulsos

O *trabalhador avulso* "é o trabalhador normalmente intermediado pelo sindicato ou pelo OGMO, para prestar serviços a tomadores diversos, sem pessoalidade, em sistema de rodízio" (Cassar, 2018, p. 288).

Conforme Barros (2007, p. 219): "A primeira referência a trabalhadores avulsos consta da lei previdenciária (Decreto n. 1.577, de 8 de abril de 1937). Trabalhadores avulsos, eram, por força dessa lei, os sócios dos sindicatos destacados por estes para prestarem serviços de natureza temporária em trapiches e armazéns".

A Constituição Federal de 1988 (Brasil, 1988a, art. 7º, XXXIV), com relação ao trabalhador avulso, dispõe: "igualdade de direitos entre o trabalhador com vínculo empregatício permanente e o trabalhador avulso".

A Lei n. 8.212, de 24 de julho de 1991 (Brasil, 1991a, art. 12, inciso VI), apresenta como segurado obrigatório da previdência social: "trabalhador avulso: quem presta, a diversas empresas, sem vínculo empregatício, serviços de natureza urbana ou rural definidos no regulamento".

O regulamento da previdência social – Decreto n. 3.048, de 6 de maio de 1999 (Brasil, 1999a) – dispõe que:

> Art. 9º São segurados obrigatórios da previdência social as seguintes pessoas físicas:
>
> [...]
>
> VI – como trabalhador avulso–aquele que:
>
> a) sindicalizado ou não, preste serviço de natureza urbana ou rural a diversas empresas, ou equiparados, sem vínculo empregatício, com intermediação obrigatória do órgão gestor de mão de obra, nos termos do disposto na Lei n. 12.815, de 5 de junho de 2013, ou do sindicato da categoria, assim considerados:
>
> 1. o trabalhador que exerça atividade portuária de capatazia, estiva, conferência e conserto de carga e vigilância de embarcação e bloco;
>
> 2. o trabalhador de estiva de mercadorias de qualquer natureza, inclusive carvão e minério;

3. o trabalhador em alvarenga (embarcação para carga e descarga de navios);
4. o amarrador de embarcação;
5. o ensacador de café, cacau, sal e similares;
6. o trabalhador na indústria de extração de sal;
7. o carregador de bagagem em porto;
8. o prático de barra em porto;
9. o guindasteiro; e
10. o classificador, o movimentador e o empacotador de mercadorias em portos;

De acordo com Delgado (2017, p. 379), "o obreiro chamado avulso corresponde à modalidade de trabalhador eventual, que oferta sua força de trabalho, por curtos períodos de tempo, a distintos tomadores, sem se fixar especificamente a qualquer deles".

A distinção entre o trabalhador avulso e o trabalhador eventual reside no fato de que o avulso labora para um mercado específico, por meio de entidade intermediadora, "que realiza a interposição da força de trabalho avulsa em face dos distintos tomadores de serviço: armazém de portos, navios em carregamento ou descarregamento, importadores e exportadores e outros operadores portuários" (Delgado, 2017, p. 379).

A entidade intermediadora é o OGMO ou o sindicato; portanto, segundo Cassar (2018, p. 288), "outra característica do avulso é o pagamento em forma de rateio procedido pelo Sindicato ou OGMO (Órgão de Gestão de Mão de Obra)".

O trabalhador portuário avulso tem cadastro no OGMO, não apresenta vínculo empregatício e presta serviços a vários operadores portuários. Assim, conforme o art. 2º da Lei n. 9.719, de 27 de novembro de 1998 (Brasil, 1998b), cabe ao operador portuário, que tem cadastro no OGMO, repassar os valores devidos pelos serviços executados pelos trabalhadores portuários avulsos, referentes à remuneração por navio, decorrentes das seguintes verbas: percentuais relativos ao 13º salário; férias somadas de 1/3; Fundo de Garantia do Tempo de Serviço (FGTS); e encargos fiscais e previdenciários. Portanto, o trabalhador portuário avulso não tem vínculo de emprego com o OGMO nem com o operador portuário (Brasil, 2013b, art. 34).

O ingresso no registro do trabalhador portuário avulso depende de prévia seleção e inscrição no cadastro do OGMO, observadas a disponibilidade de vagas e a ordem cronológica de inscrição no cadastro. A inscrição no cadastro e o registro do trabalhador portuário se extinguem por morte ou cancelamento (Brasil, 2013b, art. 41).

Podemos inferir, ao analisar o *caput* do art. 40 da Lei n. 12.815/2013, que "o mesmo tipo de serviço pode ser executado tanto por um empregado como por avulso, de modo que não é pelo tipo de atividade prestada que será possível chegar a alguma conclusão" (Nascimento; Nascimento, 2018, p. 206).

Dessa forma, de acordo com Nascimento e Nascimento (2018, p. 16):

Logo, não será pela função exercida, mas pelo modo como é prestada, que o conceito poderá ser aclarado e nesse particular é que ganham destaque os já mencionados requisitos da adminsitração e da inexistência de relação de emprego, dados que são, efetivamente, indicativos da separação entre os dois tipos de trabalho, o do empregado e o do avulso.

Interessante decisão judicial foi proferida pelo Tribunal Superior do Trabalho (TST), ao decidir pelo pagamento de horas extras para um trabalhador portuário avulso, conforme transcrevemos a seguir:

RECURSO DE REVISTA. RECURSO DE REVISTA. LEI N. 13.467/2017. RECLAMANTE. TRANSCENDÊNCIA. PORTUÁRIO. NORMAS COLETIVAS SEM PREVISÃO EXPRESSA DE VEDAÇÃO DE PAGAMENTO DE HORAS EXTRAS.

1 – No caso dos autos, não se discute a validade de norma coletiva que limita ou restringe direito trabalhista não assegurado constitucionalmente (ARE 1121633). O caso concreto discute norma coletiva que fixou a remuneração dos portuários por produtividade diária, com acréscimo de 13º, férias e FGTS, com descontos fiscais e previdenciários. Também por meio de norma coletiva foi previsto o adicional de horas extras pelo trabalho em sábados, domingos e feriados, e adicionais noturnos. Nenhuma das normas coletivas proibiu expressamente o pagamento de horas extras quando extrapolada a jornada diária e semanal. Assim, no caso dos autos, a pretensão do reclamante não envolve o confronto entre normas coletivas e norma infraconstitucional.

2 – Feitos os esclarecimentos, observa-se que o acórdão do TRT é contrário à jurisprudência do TST, segundo a qual, em caso envolvendo a mesma reclamada, firmou entendimento de que a remuneração por produção não exclui o direito do trabalhador ao pagamento de horas extras. Julgados.

3 – Recurso de revista a que se dá provimento. (TST, 2021c)

Normas de segurança e medicina do trabalho devem ser cumpridas pelo OGMO e pelas empresas tomadoras do serviço portuário, tanto que, recentemente, uma empresa de transportes e o OGMO foram condenados ao pagamento de indenização por danos morais coletivos em virtude da morte de um trabalhador portuário que descarregava um navio, tendo em vista que não foram observadas as normas de segurança do trabalho pela falta de fornecimento de equipamento de proteção individual, pois o empregado morreu após ser prensado por um guindaste. Destacamos a seguir a ementa do acórdão:

AÇÃO CIVIL PÚBLICA. INDENIZAÇÃO POR DANOS MORAIS COLETIVOS. ÓBITO DE TRABALHADOR PORTUÁRIO. QUADRO FÁTICO QUE INDICA O DESCUMPRIMENTO DE NORMAS DE SEGURANÇA. VIOLAÇÃO DO ARTIGO 186 DO CÓDIGO CIVIL. Ante a possível violação ao art. 186 do Código Civil, deve ser provido o agravo de instrumento para determinar o processamento do recurso de revista. Agravo de instrumento conhecido e provido.

II – RECURSO DE REVISTA. LEI 13.015/2014. AÇÃO CIVIL PÚBLICA. INDENIZAÇÃO POR DANOS MORAIS COLETIVOS. ÓBITO DE TRABALHADOR PORTUÁRIO. QUADRO FÁTICO QUE INDICA O DESCUMPRIMENTO DE NORMAS DE SEGURANÇA. VIOLAÇÃO DO ARTIGO 186 DO CÓDIGO CIVIL.

1. Cuida-se de demanda coletiva ajuizada pelo MPT com pedido de indenização por danos morais coletivos em razão da morte de um trabalhador nas dependências do navio e em função da inobservância de normas de segurança.

2. O Tribunal Regional adotou o entendimento de que "o MM. juízo *a quo*, após análise do conjunto probatório produzido nos autos, concluiu no sentido de que não restou comprovada a existência de falhas técnicas no equipamento do navio SAGA ENTERPRISE utilizado para desembarque das mercadorias, **mas, sim, uma série de infrações legais às normas de segurança de trabalho**, o que (sic) de responsabilidade do 2º réu OGMO/RECIFE, julgando improcedentes os pedidos em relação à 1ª reclamada, mas impondo ao 2º e 3º réus o cumprimento de obrigações de fazer e não fazer". De forma conclusiva, a instância ordinária afastou os elementos caracterizadores do dano moral coletivo ao registrar que a morte do trabalhador "teve uma enorme carga de falha humana".

3. Embora a morte de um trabalhador não alcance diretamente a esfera moral coletiva, a jurisprudência desta Corte vem se firmando no sentido de que, nas hipóteses em que demonstrada a conduta antijurídica da empresa, mediante o descumprimento de normas de segurança e medicina do trabalho, o dano moral daí decorrente é considerado in re ipsa.

4. In casu, restou cabalmente demonstrado que a reclamada descumpria normas de segurança e medicina do trabalho relacionadas, inclusive, ao não fornecimento de equipamentos de proteção individual, entre outras.

5. A prática de atos antijurídicos, em completo desvirtuamento do que preconiza a legislação, além de causar prejuízos individuais aos trabalhadores, configura ofensa ao patrimônio moral coletivo, sendo, portanto, passível de reparação por meio da indenização respectiva, nos termos do artigo 186 do Código Civil. Dessa forma, conclui-se que a conduta antijurídica da empresa reclamada acarretou a violação de direitos de toda uma coletividade, razão pela qual esta deve ser indenizada.

6. Nesse contexto, o recurso de revista deve ser conhecido e provido para condenar as empresas à indenização por danos morais coletivos. Recurso de revista conhecido e provido. (TST, 2018, grifo nosso)

Os trabalhadores portuários, de acordo com o art. 14 da Lei n. 4.860, de 26 de novembro de 1965 (Brasil, 1965), têm direito ao recebimento do adicional de risco:

> Art 14. A fim de remunerar os riscos relativos à insalubridade, periculosidade e outros porventura existentes, fica instituído o "adicional de riscos" de 40% (quarenta por cento) que incidirá sobre o valor do salário-hora ordinário do período diurno e substituirá todos aqueles que, com sentido ou caráter idêntico, vinham sendo pagos.

§ 1º Este adicional somente será devido enquanto não forem removidas ou eliminadas as causas de risco.

§ 2º Este adicional somente será devido durante o tempo efetivo no serviço considerado sob risco.

§ 3º As Administrações dos Portos, no prazo de 60 (sessenta) dias, discriminarão, ouvida a autoridade competente, os serviços considerados sob risco.

§ 4º Nenhum outro adicional será devido além do previsto neste artigo.

§ 5º Só será devido uma única vez, na execução da mesma tarefa, o adicional previsto neste artigo, mesmo quando ocorra, simultaneamente, mais de uma causa de risco.

Nesse sentido, vejamos o teor da Orientação Jurisprudencial n. 316, da Seção de Dissídios Individuais I do TST:

> 316. PORTUÁRIOS. ADICIONAL DE RISCO. LEI N. 4.860/65 (DJ 11.08.2003).
>
> O adicional de risco dos portuários, previsto no art. 14 da Lei n. 4.860/65, deve ser proporcional ao tempo efetivo no serviço considerado sob risco e apenas concedido àqueles que prestam serviços na área portuária. (TST, 2003)

O trabalho portuário será realizado por trabalhadores portuários com vínculo empregatício por prazo indeterminado e por trabalhadores portuários avulsos (TPAs). Os TPAs não têm vínculo e são gerenciados pelo OGMO.

— 4.3.1 —
Categorias de trabalhadores avulsos

O art. 40 da Lei n. 12.815/2013 esclarece e descreve as categorias de trabalhadores portuários, que são "capatazia, estiva, conferência de carga, conserto de carga, bloco e vigilância de embarcações", e trabalhadores do bloco. As funções devem ser realizadas por trabalhadores portuários com vínculo empregatício por prazo indeterminado e por trabalhadores portuários avulsos.

Ressaltamos que a contratação das categorias de trabalhadores portuários avulsos é feita pela escala eletrônica dos trabalhadores avulsos cadastrados no OGMO e em sindicatos, no caso dos trabalhadores do bloco.

Trabalhor da capatazia

A Lei n. 12.815/2013 destaca a atividade da capatazia da seguinte forma:

> atividade de movimentação de mercadorias nas instalações dentro do porto, compreendendo o recebimento, conferência, transporte interno, abertura de volumes para a conferência aduaneira, manipulação, arrumação e entrega, bem como o carregamento e descarga de embarcações, quando efetuados por aparelhamento portuário; (Brasil, 2013b, art. 40, § 1º, I)

As atividades de capatazia são executadas no costado do navio, dentro de seus armazéns, porões e pátios, na movimentação de mercadorias na faixa portuária, configurando-se trabalho braçal, ou mediante manuseio de equipamentos de movimentação de cargas, por meio de empilhadeiras, transteiners[1], pás-carregadeiras e carretas (Brasil, 2001). Essa atividade era exclusiva de trabalhadores empregados da administração dos portos e, quando não havia empregados suficientes, eram utilizados trabalhadores avulsos (Brasil, 2001).

Há uma recente decisão proferida pelo TST que destaca a preferência pela contratação de trabalhadores da capatazia com registro no OGMO, bem como a aplicação da Convenção n. 137 da Organização Internacional do Trabalho (OIT). Vejamos:

> TRABALHADOR PORTUÁRIO. CAPATAZIA. CONTRATAÇÃO COM VÍNCULO PERMANENTE. PRIORIDADE CONFERIDA AOS TRABALHADORES CADASTRADOS NO OGMO. LEI DOS PORTOS. INTERPRETAÇÃO DO ART. 26, PARÁGRAFO ÚNICO, DA LEI N. 8.630/93 E DA CONVENÇÃO INTERNACIONAL 137 DA OIT. 1. Hipótese em que o Tribunal de origem, interpretando o art. 26 da Lei n. 8.630/93, concluiu p ela obrigatoriedade de a ré disponibilizar as vagas de trabalho de capatazia, para vínculo empregatício por tempo indeterminado, em primeiro lugar, aos trabalhadores portuários registrados no OGMO. Assim, foi mantida a condenação da ré quanto a abster-se de contratar trabalhadores para o serviço de capatazia

---

1 Equipamentos para movimentação de contêineres.

sem oferecer as vagas, em primeiro lugar, aos trabalhadores portuários registrados ou cadastrados no OGMO. 2. O parágrafo único do art. 26 da Lei n. 8.630/93 não inseriu a capatazia no rol das atividades para as quais se exige a contratação de trabalhadores portuários com vínculo empregatício a prazo indeterminado, exclusivamente, dentre os trabalhadores portuários avulsos registrados. Todavia, esta Corte Superior pacificou entendimento de que, após a ratificação da Convenção 137 da OIT pelo Brasil, a regra que passou a viger no ordenamento jurídico brasileiro foi a de contratação de trabalhadores portuários com vínculo empregatício a prazo indeterminado prioritariamente, e não exclusivamente, dentre aqueles já inscritos no OGMO. Assim, se tais trabalhadores não forem encontrados no sistema do OGMO, é admitida a contratação de trabalhador não registrado naquele Órgão Gestor. Precedentes. 3. Verifica-se, assim, que a decisão foi proferida em consonância com a jurisprudência desta Corte, à luz da Lei n. 8.630/93. Não se divisa, portanto, violação dos dispositivos invocados, ante o óbice do art. 896, § 7º, da CLT e da Súmula n. 333 do TST. 4. Por fim, oportuno salientar que, com a entrada em vigor da Lei n. 12.815/2013, a Lei n. 8.630/93 foi integralmente revogada, tendo o texto do novo diploma legal estabelecido, expressamente, que a contratação com vínculo de emprego e por prazo indeterminado para a prestação de serviços portuários, inclusive para as atividades de capatazia e bloco, somente pode ser de trabalhadores registrados. É o que diz a redação do art. 40, § 2º, da nova Lei dos Portos (Lei n. 12.815/2013). Agravo de instrumento a que se nega provimento. (TST, 2021b)

Trabalhador da estiva

A segunda atividade trazida pelo art. 40 Lei n. 12.815/2013 é a da estiva, que configura

> atividade de movimentação de mercadorias nos conveses ou nos porões das embarcações principais ou auxiliares, incluindo o transbordo, arrumação, peação e despeação, bem como o carregamento e a descarga, quando realizados com equipamentos de bordo; (Brasil, 2013b, art. 40, § 1º, II)

Os estivadores, de acordo com o trabalho que executam, podem ser denominados:

> Contramestre geral ou do navio – a maior autoridade da estiva a bordo, a quem cabe coordenar os trabalhos em todos os porões do navio, de acordo com as instruções do operador portuário e do comandante do navio, dirigindo e orientando todos os estivadores a bordo.

> Contramestre de terno ou de porão – o que dirige e orienta o serviço de estiva em cada porão de acordo com as instruções do operador portuário, do comandante do navio ou representante do porto, do planista ou do contramestre geral do navio.

> Sinaleiro ou Portaló – o que orienta o trabalho dos operadores de aparelho de guindar, por meio de sinais. Ele fica em um posição em que possa ver bem tanto o local onde a lingada é engatada, como aquele em que é depositada, e onde possa ser visto pelo guincheiro ou guindasteiro.

Guincheiro – trabalhador habilitado a operar guindaste. No ponto denomina-se genericamente os operadores de aparelhos de guindas de terra como guindasteiros, sendo trabalhador de capatazia. No caso do operador de aparelho de guindar de bordo, este é comumente chamado de guincheiro e é trabalhador de estiva.

Motorista – o que dirige veículo quando esta [sic] é embarcada ou desembarcada através do sistema roll on/roll off (ro/ro). Ressalte-se que é praxe nesta operação haver a troca de motoristas quando o veículo toca o cais. Sai o motorista da estiva e entra o motorista da capatazia que conduz o mesmo até o pátio de armazenagem.

Operador de equipamentos – estivador habilitado a operar empilhadeira, pá carregaderia ou outro equipamento de movimentação de carga a bordo.

Estivador – trabalhador que, no carregamento, desfaz as lingadas e transporta os volumes para as posições determinadas onde vão ser estivados. No descarregamento, traz os volumes das posições onde estão estivados e prepara as lingadas.

Peador/despeador ou conexo – trabalhador que faz a peação/despeação. É trabalhador com certa especialização, visto que muitos trabalhos fazem uso de técnicas de carpintaria (escomento da carga com madeira). (Brasil, 2001, p. 19-20)

Observamos que as atividades de capatazia e estiva são muito parecidas: as funções e tarefas são praticamente iguais, o que as diferencia é que, dentro do navio, quem trabalha é a estiva, ao passo que, na faixa portuária (terra), é o trabalhador da capatazia (Brasil, 2001).

Trabalhador de conferência de carga

A atividade de conferência de carga, conforme a Lei n. 12.815/2013, diz respeito à

> contagem de volumes, anotação de suas características, procedência ou destino, verificação do estado das mercadorias, assistência à pesagem, conferência do manifesto e demais serviços correlatos, nas operações de carregamento e descarga de embarcações; (Brasil, 2013b, art. 40, § 1º, III)

Os trabalhadores conferentes podem receber as seguintes denominações: "conferente-chefe, conferente de lingada ou porão, conferente-rendição, conferente ajudante, conferente de balança, conferente-controlador, conferente de manifesto e conferente de plano" (Brasil, 2001, p. 21).

Trabalhador de conserto de carga

Conforme a Lei n. 12.815/2013, o trabalhador avulso cuja atividade constitui-se no conserto de carga é responsável por:

> reparo e restauração das embalagens de mercadorias, nas operações de carregamento e descarga de embarcações, reembalagem, marcação, remarcação, carimbagem, etiquetagem, abertura de volumes para vistoria e posterior recomposição; (Brasil, 2013b, art. 40, § 1º, IV)

Essa categoria encontra-se em extinção, tendo em vista a utilização de contêineres, que tem tornado cada vez menor a necessidade de reparos, pois, na maioria das vezes, a inutilização de cargas danificadas ocorre em razão do tempo de permanência do navio atracado (Brasil, 2001).

Trabalhador de vigilância de embarcações

A categoria de trabalhadores portuários avulsos com a função de vigilância de embarcações, requisitada pelo OGMO, tem a seguinte função:

> fiscalização da entrada e saída de pessoas a bordo das embarcações atracadas ou fundeadas ao largo, bem como da movimentação de mercadorias nos portalós, rampas, porões, conveses, plataformas e em outros locais da embarcação; (Brasil, 2013b, art. 40, § 1º, V)

Trabalhador do bloco

O trabalhador do bloco tem como atividade, segundo a Lei n. 12.815/2013: "limpeza e conservação de embarcações mercantes e de seus tanques, incluindo batimento de ferrugem, pintura, reparos de pequena monta e serviços correlatos" (Brasil, 2013b, art. 40, § 1º, VI).

— 4.4 —
Empregado portuário

O *empregado portuário* é aquele que tem vínculo de emprego com o operador portuário (Brasil, 2013b, art. 40) ou com a administração do porto.

Os empregados portuários podem ser contratatados livremente pelos operadores portuários, salvo aqueles a que se refere o art. 40 da Lei n. 12.815/2013, que só podem ser contratados entre os avulsos registrados no OGMO. O pagamento do empregado é efetuado diretamente pelo empregador – que, no caso, é o operador portuário. Enquanto for empregado, o OGMO mantém seu registro, mas o trabalhador não concorre à escala de rodízio. Extinto o contrato, o trabalhador retorna à condição de avulso registrado. O contrato de trabalho se extingue pelos motivos previstos na CLT.

Neste capítulo, abordamos as principais características que envolvem os trabalhadores portuários, contemplando explicações sobre os operadores portuários; o órgão de gestão de mão de obra; os trabalhadores portuários avulsos e suas categorias: trabalhador de capatazia, trabalhador da estiva, trabalhador conferente de carga, trabalhador de conserto de carga e trabalhador do bloco; bem como sobre os empregados portuários.

Exercícios

1. (TRT 20ª Região/SE – 2012 – Juiz do Trabalho Substituto) O órgão de gestão de mão de obra do trabalho portuário avulso:

   a. tem competência para arrecadar e repassar, aos respectivos beneficiários, contribuições destinadas a incentivar o cancelamento do registro e a aposentadoria voluntária.

   b. responde solidariamente pelos prejuízos causados pelos trabalhadores portuários avulsos aos tomadores dos seus serviços ou a terceiros.

   c. responde subsidiariamente aos operadores portuários, pela remuneração devida ao trabalhador portuário avulso.

   d. pode exigir o pagamento prévio dos operadores portuários, para atender a requisição de trabalhadores portuários avulsos.

   e. não pode ceder trabalhador portuário avulso, em caráter permanente, ao operador portuário.

2. (Ministério Público do Trabalho – 2009 – Procurador-Geral do Trabalho) Sobre o trabalho portuário e de acordo com a lei, analise as afirmativas abaixo transcritas:

i. Compete exclusivamente ao Órgão Gestor de Mão de Obra verificar a presença, no local de trabalho, dos trabalhadores avulsos constantes da escala diária.

ii. A aposentadoria implica na extinção do cadastro e/ou registro do trabalhador portuário avulso junto ao Órgão Gestor de Mão de Obra.
iii. A atividade de amarração de navios, por ser trabalho direcionado à movimentação de mercadorias e feito ao longo do cais, constitui atividade de capatazia.
iv. Na escalação dos trabalhadores portuários avulsos, o Órgão Gestor de Mão de Obra deverá observar o intervalo mínimo de 11 horas interjornadas, salvo em situações excepcionais devidamente regradas por norma coletiva.

De acordo com as assertivas, é correto afirmar:
a. apenas as alternativas I, III e IV estão corretas;
b. apenas as alternativas I e III estão corretas;
c. apenas as alternativas II e IV estão corretas;
d. todas estão corretas;
e. não respondida.

3. (Ministério Público do Trabalho – 2008 – Procurador-Geral do Trabalho) Analise as assertivas a seguir:

i. na hipótese de o trabalhador portuário avulso ser contratado por prazo indeterminado, por operador portuário, seu registro junto ao Órgão Gestor de Mão de Obra será cancelado;
ii. os trabalhadores avulsos poderão se reunir em cooperativa, para atuar como operador portuário, hipótese em que serão excluídos da escala rodiziária dos avulsos e terão cancelados os seus registros;

iii. compete tanto ao operador portuário quanto ao Órgão Gestor de Mão de Obra a fiscalização da presença dos trabalhadores portuários avulsos efetivamente escalados, nos locais de trabalho.

Assinale a alternativa CORRETA:

a. apenas uma assertiva está correta.
b. apenas duas assertivas estão corretas.
c. todas as assertivas estão corretas.
d. nenhuma assertiva está correta.
e. não respondida.

4. (Ministério Público do Trabalho – 2008 – Procurador-Geral do Trabalho) Assinale a alternativa INCORRETA:

a. operação portuária é a movimentação de passageiros, a movimentação ou armazenagem de mercadorias, destinadas ou provenientes de transporte aquaviário, realizada no porto organizado por operador portuário;
b. na hipótese de um trabalhador portuário avulso transgredir alguma norma disciplinar, compete ao órgão gestor de mão de obra, após ouvida a comissão paritária, aplicar, quando cabíveis, as penalidades previstas em lei, contrato, convenção ou acordo coletivo;
c. a remuneração, a definição das funções, a composição das equipes e as demais condições de trabalho avulso serão objeto de negociação coletiva entre os sindicatos dos trabalhadores avulsos e dos operadores portuários;

d. é dispensável a intervenção do operador portuário na movimentação de mercadorias líquidas a granel, ainda que ocorra em área do porto organizado;
e. não respondida.

5. (Ministério Público do Trabalho – 2008 – Procurador-Geral do Trabalho) Acerca do trabalho portuário, é CORRETO afirmar:

a. a atividade de amarração dos navios, nos portos organizados, deve ser feita por trabalhadores portuários avulsos de capatazia;
b. a guarda portuária, que deve ser constituída e regulamentada pela autoridade portuária respectiva, tem por finalidade prover a vigilância e a segurança dos portos e não se confunde com o trabalho do vigia portuário;
c. de acordo com o disposto na Convenção n. 137, da OIT, o operador portuário poderá contratar trabalhador portuário, por prazo indeterminado, que deverá ocorrer exclusivamente entre os obreiros já inscritos no órgão gestor de mão de obra;
d. é vedada aos operadores portuários a utilização exclusiva de mão de obra contratada com vínculo empregatício, devendo requisitar percentual mínimo de trabalhadores avulsos. A proporção entre trabalhadores vinculados e avulsos será estabelecida de acordo com a quantidade da carga movimentada pelo respectivo operador portuário;
e. não respondida.

6. (Ministério Público do Trabalho – 2007 – Procurador-Geral do Trabalho) Analise as assertivas seguintes sobre o trabalho portuário avulso:

i. em havendo vagas disponíveis, a passagem do trabalhador portuário avulso cadastrado para o registro no órgão gestor de mão de obra deve ser regulamentada por contrato, acordo ou convenção coletiva, que estipulará a forma de seleção, sendo requisito obrigatório a antiguidade no cadastro, por força de lei;

ii. o pagamento dos salários deve ser feito pelo órgão gestor de mão de obra diretamente aos trabalhadores, salvo os valores relativos a férias e 13° salário, cujos valores percentuais devem ser repassados aos respectivos sindicatos, a quem compete o gerenciamento do respectivo fundo e o pagamento aos trabalhadores portuários avulsos quando do gozo de férias (remuneração das férias) e até o vigésimo dia do mês de novembro (13° salário);

iii. É assegurado ao trabalhador portuário avulso registrado no órgão gestor de mão de obra o direito de concorrer à escala diária complementando a equipe de trabalho do quadro de cadastrados;

iv. o intervalo interjornadas mínimo de 11 horas é aplicável aos trabalhadores portuários avulsos, ainda que a jornada de trabalho seja de seis horas, salvo situações excepcionais.

Assinale a alternativa CORRETA:
a. apenas uma alternativa está correta;
b. duas alternativas estão corretas;
c. três alternativas estão corretas;
d. todas as alternativas estão corretas;
e. não respondida.

Considerações finais

No decorrer deste livro, analisamos temas relevantes para a compreensão do direito marítimo, como fontes do direito marítimo, organizações internacionais, convenções internacionais e legislação brasileira. Demonstramos a importância do estudo do conceito de *mar territorial*, a delimitação da zona de navegação, dividida em zona econômica exclusiva, zona contígua e direito de passagem, a plataforma continental, a diferença entre embarcações marítimas e navios e, por fim, os sujeitos de direito marítimo: armador, comandante, tripulante, afretador e proprietário.

Apresentamos material ilustrativo e fotográfico para que, além do conceito, você pudesse visualizar os diferentes tipos de navios e de plataformas continentais, bem como infográficos, com o objetivo de facilitar o estudo desse ramo tão complexo do direito.

Ainda, salientamos a relevância do estudo dos contratos marítimos e sua padronização por meio dos Incoterms, que sofrem atualizações constantes e impactam a elaboração de contratos. Os infográficos também facilitam o entendimento desses termos utilizados no comércio internacional.

A comercialização de mercadorias entre países traz um grande desafio na aplicação de leis nacionais e internacionais.

Assim, nesta obra, buscamos analisar temas relevantes para a compreensão do direito portuário, como marco legislativo, Lei de Modernização dos Portos, denominação de *porto* e administração do porto, autoridades que atuam no porto, arrendamentos portuários e concessões portuárias, além do estudo dos sujeitos portuários.

Lista de siglas

Antaq	Agência Nacional de Transportes Aquaviários
CAP	Conselho de Autoridade Portuária
CDC	Código de Defesa do Consumidor
CSM	Comitê de Segurança Marítima
Conportos	Comissão Nacional de Segurança Pública nos Portos Terminais e Vias Navegáveis
CTM	Convenção sobre Trabalho Marítimo
DNPN	Departamento Nacional de Portos e Navegação
DPC	Diretoria de Portos e Costas
FGTS	Fundo de Garantia do Tempo de Serviço

Incoterms	International Commercial Terms (Termos Internacionais de Comércio)
OGMO	Órgão de Gestão de Mão de Obra
Oilpol	Convenção Internacional para a Prevenção da Poluição por Navios
OIT	Organização Internacional do Trabalho
OMI	Organização Marítima Internacional
ONU	Organização das Nações Unidas
PAC	Programa de Aceleração do Crescimento
STJ	Superior Tribunal de Justiça
TPAs	Trabalhadores portuários avulsos
TST	Tribunal Superior do Trabalho

Referências

ALPHALINER. **Alphaliner TOP 100**. Disponível em: <https://alphaliner.axsmarine.com/PublicTop100>. Acesso em: 13 dez. 2021.

ANTAQ – Agência Nacional de Transportes Aquaviários. **Movimentação portuária cresce 4,2% em 2020**. 1º mar. 2021a. Disponível em: <https://www.gov.br/antaq/pt-br/noticias/movimentacao-portuaria-cresce-4-2-em-2020>. Acesso em: 13 dez. 2021.

ANTAQ – Agência Nacional de Transportes Aquaviários. **Sobre**. Disponível em: <https://dados.gov.br/organization/about/agencia-nacional-de-transportes-aquaviarios-antaq>. Acesso em: 13 dez. 2021b.

ANVISA – Agência Nacional de Vigilância Sanitária. **Protocolo**: procedimentos para embarque e desembarque de tripulantes de embarcações e plataformas. Brasília, 2020. Disponível em: <https://www.gov.br/anvisa/pt-br/assuntos/paf/coronavirus/arquivos/arquivos-protocolos/protocolo-procedimento-para-embarque-e-desembarque-de-tripulantes-de-embarcacoes-e-plataformas.pdf>. Acesso em: 13 dez. 2021.

ANVISA – Agência Nacional de Vigilância Sanitária. Resolução da Diretoria Colegiada – RDC n. 10, de 9 de fevereiro de 2012. **Diário Oficial da União**, 13 fev. 2012. Disponível em: <http://antigo.anvisa.gov.br/documents/10181/3851353/RDC_10_2012_.pdf/c79b89f6-0415-4022-87bb-c3fa81ce2314>. Acesso em: 13 dez. 2021.

BAHIA. Companhia das Docas do Estado da Bahia. **Concurso Público 2015**: Analista Portuário (Administração). 2015. Disponível em: <https://conhecimento.fgv.br/sites/default/files/concursos/codeba/201601_Analista_Portuario_(Administracao)_(NS001)_Tipo_1.pdf>. Acesso em: 13 dez. 2021.

BARROS, A. M. de. **Curso de direito do trabalho**. 3. ed. São Paulo: LTR, 2007.

BRASIL. Constituição (1988). **Diário Oficial da União**, Brasília, DF, 5 out. 1988a. Disponível em: <http://www.planalto.gov.br/ccivil_03/constituicao/constituicao.htm>. Acesso em: 13 dez. 2021.

BRASIL. Decreto n. 1.910, de 21 de maio de 1996. **Diário Oficial da União**, Poder Executivo, Brasília, DF, 22 maio 1996a. Disponível em: <http://www.planalto.gov.br/ccivil_03/decreto/d1910.htm>. Acesso em: 13 dez. 2021.

BRASIL. Decreto n. 2.596, de 18 de maio de 1998. **Diário Oficial da União**, Poder Executivo, Brasília, DF, 19 maio 1998a. Disponível em: <http://www.planalto.gov.br/CCivil_03/decreto/D2596.htm>. Acesso em: 13 dez. 2021.

BRASIL. Decreto n. 3.048, de 6 de maio de 1999. **Diário Oficial da União**, Poder Executivo, Brasília, DF, 7 maio 1999a. Disponível em: <http://www.planalto.gov.br/ccivil_03/decreto/D3048.htm>. Acesso em: 13 dez. 2021.

BRASIL. Decreto n. 3.411, de 12 de abril de 2000. **Diário Oficial da União**, Poder Executivo, Brasília, DF, 13 abr. 2000. Disponível em: <http://www.planalto.gov.br/ccivil_03/decreto/d3411.htm>. Acesso em: 13 dez. 2021.

BRASIL. Decreto n. 5.129, de 6 de julho de 2004. **Diário Oficial da União**, Poder Legislativo, Brasília, DF, 7 jul. 2004. Disponível em: <http://www.planalto.gov.br/ccivil_03/_ato2004-2006/2004/decreto/d5129.htm>. Acesso em: 13 dez. 2021.

BRASIL. Decreto n. 7.030, de 14 de dezembro de 2009. **Diário Oficial da União**, Poder Executivo, Brasília, DF, 15 dez. 2009a. Disponível em: <http://www.planalto.gov.br/ccivil_03/_ato2007-2010/2009/decreto/d7030.htm>. Acesso em: 13 dez. 2021.

BRASIL. Decreto n. 7.203, de 3 de julho de 1984. **Diário Oficial da União**, Poder Executivo, Brasília, DF, 3 jul. 1984a. Disponível em: <http://www.planalto.gov.br/ccivil_03/leis/1980-1988/l7203.htm>. Acesso em: 13 dez. 2021.

BRASIL. Decreto n. 8.033, de 27 de junho de 2013. **Diário Oficial da União**, Poder Executivo, Brasília, DF, 27 jun. 2013a. Disponível em: <http://www.planalto.gov.br/ccivil_03/_ato2011-2014/2013/decreto/d8033.htm>. Acesso em: 13 dez. 2021.

BRASIL. Decreto n. 9.078, de 3 de novembro de 1911. **Diário Oficial da União**, 10 dez. 1911. Disponível em: <https://www2.camara.leg.br/legin/fed/decret/1910-1919/decreto-9078-3-novembro-1911-528039-republicacao-102741-pe.html>. Acesso em: 13 dez. 2021.

BRASIL. Decreto n. 9.861, de 25 de junho de 2019. **Diário Oficial da União**, Poder Executivo, Brasília, DF, 26 jun. 2019a. Disponível em: <http://www.planalto.gov.br/ccivil_03/_Ato2019-2022/2019/Decreto/D9861.htm#art22>. Acesso em: 13 dez. 2021.

BRASIL. Decreto n. 10.088, de 5 de novembro de 2019. **Diário Oficial da União**, Poder Executivo, Brasília, DF, 6 nov. 2019b. Disponível em: <http://www.planalto.gov.br/ccivil_03/_ato2019-2022/2019/decreto/D10088.htm>. Acesso em: 13 dez. 2021.

BRASIL. Decreto n. 10.671, de 9 de abril de 2021. **Diário Oficial da União**, Poder executivo, Brasília, DF, 12 abr. 2021a. Disponível em: <https://www.in.gov.br/en/web/dou/-/decreto-n-10.671-de-9-de-abril-de-2021-313219169>. Acesso em: 13 dez. 2021.

BRASIL. Decreto n. 10.672, de 12 de abril de 2021. **Diário Oficial da União**, Poder Executivo, Brasília, DF, 13 abr. 2021b. Disponível em: <http://www.planalto.gov.br/ccivil_03/_Ato2019-2022/2021/Decreto/D10672.htm>. Acesso em: 13 dez. 2021.

BRASIL. Decreto n. 18.871, de 13 de agosto de 1929. **Diário Oficial da União**, Poder Executivo, 22 out. 1929. Disponível em: <https://www2.camara.leg.br/legin/fed/decret/1920-1929/decreto-18871-13-agosto-1929-549000-publicacaooriginal-64246-pe.html>. Acesso em: 13 dez. 2021.

BRASIL. Decreto n. 62.860, de 18 de junho de 1968. **Diário Oficial da União**, Brasília, DF, 20 de junho de 1968. Disponível em: <http://www.planalto.gov.br/ccivil_03/decreto/1950-1969/D62860.htm>. Acesso em: 13 dez. 2021.

BRASIL. Decreto n. 87.648 de 24 de setembro de 1982. **Diário Oficial da União**, Brasília, DF, 24 set. 1982a. Disponível em: <http://www.planalto.gov.br/ccivil_03/decreto/1980-1989/1980-1984/D87648impressao.htm>. Acesso em: 13 dez. 2021.

BRASIL. Decreto n. 91.030, de 5 de março de 1985. **Diário Oficial da União**, Poder Executivo, Brasília, DF, 5 mar. 1985. Disponível em: <http://www.planalto.gov.br/ccivil_03/decreto/Antigos/D91030.htm>. Acesso em: 13 dez. 2021.

BRASIL. Decreto-Lei n. 200, 25 de fevereiro de 1967. **Diário Oficial da União**, Poder Executivo, Brasília, DF, 27 mar. 1967. Disponível em: <http://www.planalto.gov.br/ccivil_03/decreto-lei/del0200.htm>. Acesso em: 13 dez. 2021.

BRASIL. Decreto-Lei n. 5.452, de 1º de maio de 1943. **Diário Oficial da União**, Poder Executivo, Rio de Janeiro, 9 ago. 1943. Disponível em: <http://www.planalto.gov.br/ccivil_03/decreto-lei/del5452.htm>. Acesso em: 13 dez. 2021.

BRASIL. Decreto-Lei n. 6.166, de 31 de dezembro de 1943. **Diário Oficial da União**, Poder Executivo, Rio de Janeiro, 6 jan. 1944. Disponível em: <https://www2.camara.leg.br/legin/fed/declei/1940-1949/decreto-lei-6166-31-dezembro-1943-416432-publicacaooriginal-1-pe.html>. Acesso em: 13 dez. 2021.

BRASIL. Lei n. 556, de 25 de junho de 1850. Código Comercial. **Coleção das Leis do Império do Brasil**, Poder Executivo, 31 dez. 1850. Disponível em: <https://www.planalto.gov.br/ccivil_03/leis/lim/lim556.htm>. Acesso em: 13 dez. 2021.

BRASIL. Lei n. 2.180, de 20 de fevereiro de 1954. **Diário Oficial da União**, Poder Legislativo, Rio de Janeiro, 8 fev. 1954. Disponível em: <https://www2.camara.leg.br/legin/fed/lei/1950-1959/lei-2180-5-fevereiro-1954-361393-publicacaooriginal-1-pl.html>. Acesso em: 13 dez. 2021.

BRASIL. Lei n. 4.213, de 14 de fevereiro de 1963. **Diário Oficial da União**, Poder Executivo, Brasília, DF, 4 fev. 1963. Disponível em: <http://www.planalto.gov.br/ccivil_03/leis/1950-1969/L4213.htm>. Acesso em: 13 dez. 2021.

BRASIL. Lei n. 4.860, de 26 de novembro de 1965. **Diário Oficial da União**, Poder Executivo, Brasília, DF, 26 nov. 1965. Disponível em: <http://www.planalto.gov.br/ccivil_03/leis/1950-1969/L4860.htm>. Acesso em: 13 dez. 2021.

BRASIL. Lei n. 5.056, de 29 de junho de 1966. **Diário Oficial da União**, Poder Legislativo, Brasília, DF, 29 jun. 1966. Disponível em: <https://legis.senado.leg.br/norma/546914/publicacao/15715956>. Acesso em: 13 dez. 2021.

BRASIL. Lei n. 6.222, de 10 de julho de 1975. **Diário Oficial da União**, Poder Legislativo, Brasília, DF, 11 jul. 1975. Disponível em: <https://www2.camara.leg.br/legin/fed/lei/1970-1979/lei-6222-10-julho-1975-357668-norma-pl.html>. Acesso em: 13 dez. 2021.

BRASIL. Lei n. 7.064, de 6 de dezembro de 1982. **Diário Oficial da União**, Poder Legislativo, Brasília, DF, 7 dez. 1982b. Disponível em: <http://www.planalto.gov.br/ccivil_03/leis/l7064.htm>. Acesso em: 13 dez. 2021.

BRASIL. Lei n. 7.203, de 3 de julho de 1984. **Diário Oficial da União**, Poder Executivo, Brasília, DF, 3 jul. 1984a. Disponível em: <http://www.planalto.gov.br/ccivil_03/leis/1980-1988/l7203.htm#:~:text=LEI%20N%C2%BA%207.203%2C%20DE%203,e%20nas%20vias%20naveg%C3%A1veis%20interiores.>. Acesso em: 13 dez. 2021

BRASIL. Lei n. 7.273, de 10 de dezembro de 1984. **Diário Oficial da União**, Poder Executivo, Brasília, DF, 10 dez. 1984b. Disponível em: <http://www.planalto.gov.br/ccivil_03/leis/1980-1988/l7273.htm>. Acesso em: 13 dez. 2021.

BRASIL. Lei n. 7.642, de 18 de dezembro de 1987. **Diário Oficial da União**, Poder Executivo, Brasília, DF, 18 dez. 1987. Disponível em: <http://www.planalto.gov.br/ccivil_03/leis/L7642.htm>. Acesso em: 13 dez. 2021.

BRASIL. Lei n. 7.652, de 3 de fevereiro de 1988. **Diário Oficial da União**, Poder Legislativo, Brasília, DF, 5 fev. 1988b. Disponível em: <http://www.planalto.gov.br/Ccivil_03/Leis/L7652.htm>. Acesso em: 13 dez. 2021.

BRASIL. Lei n. 8.029, de 12 de abril de 1990. **Diário Oficial da União**, Poder Executivo, Brasília, DF, 13 abr. 1990a. Disponível em: <http://www.planalto.gov.br/ccivil_03/leis/L8029cons.htm>. Acesso em: 13 dez. 2021.

BRASIL. Lei n. 8.078, de 11 de setembro de 1990. **Diário Oficial da União**, Poder Legislativo, Brasília, DF, 12 set. 1990b. Disponível em: <http://www.planalto.gov.br/ccivil_03/leis/l8078compilado.htm>. Acesso em: 13 dez. 2021.

BRASIL. Lei n. 8.212, de 24 de julho de 1991. **Diário Oficial da União**, Poder Executivo, Brasília, DF, 25 jul. 1991a. Disponível em: <http://www.planalto.gov.br/ccivil_03/leis/l8212cons.htm>. Acesso em: 13 dez. 2021.

BRASIL. Lei n. 8.374, de 30 de dezembro de 1991. **Diário Oficial da União**, Poder Executivo, Brasília, DF, 31 dez. 1991b. Disponível em: <http://www.planalto.gov.br/ccivil_03/leis/1989_1994/L8374.htm>. Acesso em: 13 dez. 2021.

BRASIL. Lei n. 8.617, de 4 de janeiro de 1993. **Diário Oficial da União**, Poder Executivo, Brasília, DF, 5 jan. 1993a. Disponível em: <http://www.planalto.gov.br/ccivil_03/leis/l8617.htm>. Acesso em: 13 dez. 2021.

BRASIL. Lei n. 8.630, de 25 de fevereiro de 1993. **Diário Oficial da União**, Poder Executivo, Brasília, DF, 26 fev. 1993b. Disponível em: <http://www.planalto.gov.br/ccivil_03/leis/l8630.htm>. Acesso em: 13 dez. 2021.

BRASIL. Lei n. 9.051, de 18 de maio de 1995. **Diário Oficial da União**, Poder Legislativo, Brasília, DF, 19 maio 1995. Disponível em: <http://www.planalto.gov.br/ccivil_03/leis/l9051.htm>. Acesso em: 13 dez. 2021.

BRASIL. Lei n. 9.432, de 8 de janeiro de 1997. **Diário Oficial da União**, Poder Executivo, Brasília, DF, 9 jan. 1997a. Disponível em: <http://www.planalto.gov.br/ccivil_03/leis/l9432.htm>. Acesso em: 13 dez. 2021.

BRASIL. Lei n. 9.537, de 11 de dezembro de 1997. **Diário Oficial da União**, Poder Executivo, Brasília, DF, 12 dez. 1997b. Disponível em: <http://www.planalto.gov.br/ccivil_03/LEIS/L9537.HTM>. Acesso em: 13 dez. 2021.

BRASIL. Lei n. 9.605, de 12 de fevereiro de 1998. **Diário Oficial da União**, Poder Legislativo, Brasília, DF, 13 fev. 1998b. Disponível em: <http://www.planalto.gov.br/ccivil_03/leis/l9605.htm>. Acesso em: 13 dez. 2021.

BRASIL. Lei n. 9.611, de 19 de fevereiro de 1998. **Diário Oficial da União**, Poder Executivo, Brasília, DF, 20 fev. 1998c. Disponível em: <http://www.planalto.gov.br/ccivil_03/leis/l9611.htm>. Acesso em: 13 dez. 2021.

BRASIL. Lei n. 10.406, de 10 de janeiro de 2002. **Diário Oficial da União**, Poder Legislativo, Brasília, DF, 11 jan. 2002. Disponível em: <http://www.planalto.gov.br/ccivil_03/leis/2002/L10406compilada.htm>. Acesso em: 13 dez. 2021.

BRASIL. Lei n. 11.380, de 1º de dezembro de 2006. **Diário Oficial da União**, Poder Legislativo, Brasília, DF, 4 dez. 2006. Disponível em: <http://www.planalto.gov.br/ccivil_03/_Ato2004-2006/2006/Lei/L11380.htm>. Acesso em: 16 set. 2021.

BRASIL. Lei n. 12.815, de 5 de junho de 2013. **Diário Oficial da União**, Poder Executivo, Brasília, DF, 5 jun. 2013b. Disponível em: <http://www.planalto.gov.br/ccivil_03/_Ato2011-2014/2013/Lei/L12815.htm>. Acesso em: 13 dez. 2021.

BRASIL. Lei n. 13.105, de 16 de março de 2015. **Diário Oficial da União**, Poder Legislativo, Brasília, DF, 17 mar. 2015a. Disponível em: <http://www.planalto.gov.br/ccivil_03/_ato2015-2018/2015/lei/l13105.htm>. Acesso em: 13 dez. 2021.

BRASIL. Marinha do Brasil. Diretoria de Hidrografia e Navegação. **Organização Marítima Internacional (OMI/IMO)**. Disponível em: <https://www.marinha.mil.br/dhn/?q=pt-br/omi>. Acesso em: 16 set. 2021c.

BRASIL. Marinha do Brasil. Tribunal Marítimo. **Boletim de Acidentes Julgados no Tribunal Marítimo**, n. 9, 15 out. 2020a. Disponível em: <https://www.marinha.mil.br/tm/sites/www.marinha.mil.br.tm/files/BoletimN9_0.pdf>. Acesso em: 13 dez. 2021.

BRASIL. Marinha do Brasil. Tribunal Marítimo. **Histórico**. Disponível em: <https://www.marinha.mil.br/tm/?q=historico>. Acesso em: 13 dez. 2021d.

BRASIL. Ministério da Infraestrutura. **Histórico – Sistema Portuário Brasileiro**. 20 out. 2015b. Disponível em: <https://antigo.infraestrutura.gov.br/estudos-e-pesquisas/90-portos-p%C3%A1gina-inicial/5504-hist%C3%B3rico-sistema-portu%C3%A1rio-brasileiro.html>. Acesso em: 13 dez. 2021.

BRASIL. Ministério da Infraestrutura. **Sistema Portuário Nacional**. 17 mar. 2015c. Disponível em: <https://www.gov.br/infraestrutura/pt-br/assuntos/transporte-aquaviario/sistema-portuario>. Acesso em: 14 set. 2021.

BRASIL. Ministério do Planejamento. **Portos**. Disponível em: <http://pac.gov.br/infraestrutura-logistica/portos>. Acesso em: 13 dez. 2021e.

BRASIL. Ministério do Trabalho e Emprego. **Manual do trabalho portuário e ementário**. Brasília, DF: MTE; SIT, 2001. Disponível em: <https://www.apsfs.sc.gov.br/wp-content/uploads/2014/11/012-manualtrabalhadorportuario.pdf>. Acesso em: 3 abr. 2020.

BRASIL. Ministério Público do Trabalho. **16º Concurso Público para Provimento de Cargos de Procurador do Trabalho**. 2009b. Disponível em: <https://mpt.mp.br/pgt/trabalho-mpt/procurador/provas-anteriores/16o-concurso/prova-objetiva-16o-concurso.pdf>. Acesso em: 13 dez. 2021.

BRASIL. Ministério Público do Trabalho. **Procurador-Geral do Trabalho**: 14º concurso. 2007. Disponível em: <https://mpt.mp.br/pgt/trabalho-mpt/procurador/provas-anteriores/14o-concurso/prova-objetiva-14o-concurso.pdf>. Acesso em: 13 dez. 2021.

BRASIL. Ministério Público do Trabalho. **Procurador-Geral do Trabalho**: 15º concurso. 2008. Disponível em: <https://mpt.mp.br/pgt/trabalho-mpt/procurador/provas-anteriores/15o-concurso/gabarito-definitivo-15o-concurso.pdf>. Acesso em: 13 dez. 2021.

BRASIL. Polícia Federal. Segurança Portuária. **Conportos**: Comissão Nacional de Segurança Pública nos Portos, Terminais e Vias Navegáveis. 10 set. 2020b. Disponível em: <https://www.gov.br/pf/pt-br/assuntos/seguranca-portuaria/conportos>. Acesso em: 13 dez. 2021.

CAMPOS, I. Z. A. **Curso de direito marítimo sistematizado**: direito material e processual com esquemas didáticos. Curitiba: Juruá, 2017.

CANAL de Suez: seis dias para desencalhar o meganavio no canal de Suez, em imagens. **El País**, 31 mar. 2021. Disponível em: <https://brasil.elpais.com/brasil/2021/03/28/album/1616939167_588866.html#foto_gal_1>. Acesso em: 13 dez. 2021.

CAPARROZ, R. **Comércio internacional e legislação aduaneira**: esquematizado. 6. ed. São Paulo: Saraiva, 2018.

CASSAR, V. B. **Curso de direito do trabalho**. 15. ed. Rio de Janeiro: Forense; São Paulo: Método, 2018.

CASTRO JÚNIOR, O. A.; PASOLD, C. L. (Coord.). **Direito portuário, regulação e desenvolvimento**. Belo Horizonte: Fórum, 2010.

CONRADO, A. Reportagem Especial: transportes marítimos. **Justiça do Trabalho: Tribunal Superior do Trabalho**, Brasília, 16 jul. 2019. Disponível em: <https://www.tst.jus.br/web/guest/-/reportagem-especial-transporte-maritimo?inheritRedirect=true>. Acesso em: 13 dez. 2021.

DELGADO, M. G. **Curso de direito do trabalho**. 16. ed. rev. e ampl. São Paulo: LTR, 2017.

DI PIETRO, M. S. Z. **Direito administrativo**. 31. ed. rev. atual e ampl. Rio de Janeiro: Forense, 2018.

DINIZ, G. S. **Curso de direito comercial**. São Paulo: Atlas, 2019.

ENTENDA a Lei dos Portos: Texto cria novas regras para exploração de terminais pela iniciativa privada – Principal critério para concessão será de maior eficiência com menor tarifa. **G1**, Brasília, 28 abr. 2013. Disponível em: <http://g1.globo.com/economia/noticia/2013/04/entenda-mp-dos-portos.html>. Acesso em: 13 dez. 2021.

FAZCOMEX. **Armadores no comércio exterior**. 7 abr. 2021a. Disponível em: <https://www.fazcomex.com.br/blog/armadores-no-comercio-exterior>. Acesso em: 13 dez. 2021.

FAZCOMEX. **Incoterms CFR**. 22 abr. 2021b. Disponível em: <http://siscomex.gov.br/aprendendo-a-exportar/negociando-com-o-importador/incoterms/incoterms-2010-tabela-resumo/cfr/>. Acesso em: 13 dez. 2021.

FAZCOMEX. **Incoterm EXW**: Quais as vantagens e desvantagens? 27 ago. 2021c. Disponível em: <https://www.fazcomex.com.br/blog/o-que-e-incoterm-exw>. Acesso em: 13 dez. 2021.

FAZCOMEX. **Incoterms 2020**: todos termos. 30 ago. 2021d. Disponível em: <https://www.fazcomex.com.br/blog/incoterms-2020-todos-termos/#incoterms-fca>. Acesso em: 13 dez. 2021.

FAZCOMEX. **Incoterms FAS**: o que é. 26 ago. 2021e. Disponível em: <https://www.fazcomex.com.br/blog/incoterms-fas-o-que-e>. Acesso em: 13 dez. 2021.

FAZCOMEX. **O que é o Incoterm DPU?** 26 ago. 2021f. Disponível em: <https://www.fazcomex.com.br/blog/o-que-e-o-incoterm-dpu>. Acesso em: 13 dez. 2021.

GIBERTONI, C. A. C. **Teoria e prática do direito marítimo**. 2. ed. rev. e atual. Rio de Janeiro: Renovar, 2005.

GOMES, M. J. da C. G. **O ensino do direito marítimo**: o soltar das amarras do direito da navegação marítima. Coimbra: Almedina, 2005.

GUERRA, S. **Curso de direito internacional público**. 11. ed. São Paulo: Saraiva, 2016.

GUERRA, S. **Curso de direito internacional público**. 12. ed. São Paulo: Saraiva, 2019.

GUERRA, S. **Curso de direito internacional público**. 13. ed. São Paulo: Saraiva, 2021.

ICC BRASIL –International Chamber Of Commerce. **Incoterms**. Disponível em: <https://www.iccbrasil.org/servicos-e-ferramentas/incoterms>. Acesso em: 13 dez. 2021.

JUSTEN FILHO, M. O regime jurídico das atividades portuárias e seus reflexos sobre a delimitação do porto organizado. In: PEREIRA, C.; SCHWIND, R. W. (Coord.). **Direito portuário brasileiro**. 3. ed. Belo Horizonte: Fórum, 2020. p. 291-310.

LACERDA, J. C. S. de. **Curso de direito comercial marítimo e aeronáutico**. 5. ed. Rio de Janeiro: Livraria Freitas Bastos, 1963.

LEWANDOWSKI, E. R. (Coord.). **Direito marítimo**: estudos em homenagem aos 500 anos da circum-navegação de Fernão de Magalhães. Belo Horizonte: Fórum, 2021.

MARTINS, E. M. O. **Curso de direito marítimo**. 4. ed. Barueri: Manole, 2013. v. I: Teoria geral.

MARTINS, E. M. O. Luzes e sombras sobre as regras de Rotterdam: a posição do Brasil e da América Latina. In: LEWANDOWSKI, E. R. (Coord.). **Direito marítimo**: estudos em homenagem aos 500 anos da circum-navegação de Fernão de Magalhães. Belo Horizonte: Fórum, 2021. p. 197-229.

MARTINS, F. **Curso de direito comercial**: empresa, empresários e sociedades. 42. ed. rev. atual. e amp. Rio de Janeiro: Forense, 2019. v. 1.

MAZZUOLI, V. O. **Curso de direito internacional público**. 12. ed. Rio de Janeiro: Forense, 2019.

MEIRELLES, H. L. **Direito administrativo brasileiro**. 21. ed. atual. São Paulo: Malheiros, 1996.

MENEZES, W. **O direito do mar**. Brasília: Fundação Alexandre de Gusmão, 2015.

MOTTA, A. B. **Curso introdutório de direito internacional do comércio**. Barueri: Manole, 2010.

NASCIMENTO, A. M. do; NASCIMENTO, S. M. **Iniciação ao direito do trabalho**: de acordo com a reforma trabalhista. 41. ed. São Paulo: LTR, 2018.

NEGRÃO, R. **Curso de direito comercial e de empresa**: teoria geral da empresa e direito societário. 16. ed. São Paulo: Saraiva, 2019. v. 1.

OIT – Organização Internacional do Trabalho. **Conheça a OIT**. Disponível em: <https://www.ilo.org/brasilia/conheca-a-oit/lang pt/index.htm>. Acesso em: 13 dez. 2021.

PARANÁ. Administração dos Portos de Paranaguá e Antonina. **Quem somos**. Disponível em: <http://www.portosdoparana.pr.gov.br/Pagina/Quem-somos>. Acesso em: 13 dez. 2021.

PEREIRA, R. O que é a Amazônia Azul e por que o Brasil quer se tornar potência militar no Atlântico. **Gazeta do Povo**, 1º nov. 2019. Disponível em: <https://www.gazetadopovo.com.br/republica/amazonia-azul-brasil-potencia-militar-atlantico>. Acesso em: 13 dez. 2021.

PETROBRAS. **Técnico de comercialização e logística júnior**: Processo Seletivo Público – Edital n. 1 Petrobras/PSP RH 2018.1 de 07/02/2018. Disponível em: <https://www.cesgranrio.org.br/pdf/petrobras0118/PROVA%2017%20-%20T%C3%89CNICO(A)%20DE%20COMERCIALIZA%C3%87%C3%83O%20E%20LOG%C3%8DSTICA%20J%C3%9ANIOR.pdf>. Acesso em: 13 dez. 2021.

PORTOGENTE. **Afretamento de navios**: conceitos básicos e documentos utilizados. 1º jan. 2016. Disponível em: <https://portogente.com.br/portopedia/73136-afretamento-de-navios-conceitos-basicos-e-documentos-utilizados>. Acesso em: 13 dez. 2021.

SÃO PAULO (Estado). Porto de Santos. **Mensário estatístico**: fevereiro/2021. Disponível em: <http://intranet.portodesantos.com.br/docs_codesp/doc_codesp_pdf_site.asp?id=131848>. Acesso em: 13 dez. 2021.

SCHREIBER, A. **Manual de direito civil contemporâneo**. São Paulo: Saraiva, 2021.

SERGIPE. Tribunal Regional do Trabalho. **Juiz do Trabalho Substituto**. 2012. Disponível em: <https://www.mapadaprova.com.br/provas/fcc/2012/trt-20a/juiz-do-trabalho-substituto>. Acesso em: 13 dez. 2021.

SOARES, R. F. **Teoria geral do direito**. 5. ed. São Paulo: Saraiva, 2019.

STJ – Superior Tribunal de Justiça. Resumo: Informativo 615 do STJ. Relator: Ministro Ricardo Villas Bôas Cueva. **Diário da Justiça Eletrônico**, 17 nov. 2017. Disponível em: <https://flaviotartuce.jusbrasil.com.br/noticias/529415096/resumo-informativo-615-do-stj>. Acesso em: 13 dez. 2021.

STJ – Superior Tribunal de Justiça. Resumo: Informativo 618 do STJ Relator: Ministro Luis Felipe Salomão. **Diário da Justiça Eletrônico**, 14 fev. 2018. Disponível em: <https://flaviotartuce.jusbrasil.com.br/noticias/549024765/resumo-informativo-618-do-stj>. Acesso em: 13 dez. 2021.

STOPFORD, M. **Economia marítima**. Tradução de Léo Tadeu Robles e Ana Cristina Ferreira Castela Paixão Casaca. 3. ed. São Paulo: Blucher, 2017.

TEMER, M. **Elementos de direito constitucional**. 10. ed. rev. e ampl. São Paulo: Malheiros, 1994.

TST – Tribunal Superior do Trabalho. Agravo de instrumento em recurso de revista: ARR 11800-08.2016.5.09.0028. Relator: Ministra Kátia Magalhães Arruda. Órgão Julgador: 6ª Turma. **Diário da Justiça Eletrônico**, 12 abr. 2019. Disponível em: <https://tst.jusbrasil.com.br/jurisprudencia/697818306/arr-118000820165090028>. Acesso em: 13 dez. 2021.

TST – Tribunal Superior do Trabalho. Agravo de instrumento em recurso de revista: AIRR 10607-61.2018.5.03.0025. Relator: Ministro Jose Roberto Freire Pimenta. Órgão Julgador: 2ª Turma. **Diário da Justiça Eletrônico**, 12 mar. 2021a. Disponível em: <https://tst.jusbrasil.com.br/jurisprudencia/1212476653/agravo-de-instrumento-em-recurso-de-revista-airr-106076120185030025>. Acesso em: 13 dez. 2021.

TST – Tribunal Superior do Trabalho. Agravo de instrumento em recurso de revista: AIRR 55700-70.2007.5.02.0442. Relatora: Ministra Maria Helena Mallmann. Órgão Julgador: 2ª Turma. **Diário da Justiça Eletrônico**, 19 mar. 2021b. Disponível em: <https://www.portaljustica.com.br/acordao/2499936>. Acesso em: 13 dez. 2021.

TST – Tribunal Superior do Trabalho. Recurso de revista: RR 20661-32.2013.5.04.0123. Relatora: Ministra Dora Maria da Costa. Órgão Julgador: 8ª Turma. **Diário da Justiça Eletrônico**, 16 out. 2020a. Disponível em: <https://tst.jusbrasil.com.br/jurisprudencia/1101457275/recurso-de-revista-rr-206613220135040123?ref=serp>. Acesso em: 13 dez. 2021.

TST – Tribunal Superior do Trabalho. Recurso de revista: RR 220-81.2016.5.11.0009. Relatora: Ministra Kátia Magalhães Arruda. Órgão Julgador: 6ª Turma. **Diário da Justiça Eletrônico**, 4 jun. 2021c. Disponível em: <https://tst.jusbrasil.com.br/jurisprudencia/1226678785/recurso-de-revista-rr-2190520165110007>. Acesso em: 13 dez. 2021.

TST – Tribunal Superior do Trabalho. Recurso de revista: RR 800-03.2012.5.06.0006. Ministra: Relatora Maria Helena Malmann. Órgão Julgador: 2ª Turma. **Diário da Justiça Eletrônico**, 29 jun. 2018. Disponível em: <https://tst.jusbrasil.com.br/jurisprudencia/595902653/recurso-de-revista-rr-800032012506 0006>. Acesso em: 13 dez. 2021.

TST – Tribunal Superior do Trabalho. Seção de Dissídios Individuais I. Orientação Jurisprudencial n. 316. **Diário da Justiça**, 11 ago. 2003. Disponível em: <https://www.legjur.com/sumula/busca?tri=tst-sdi-i&num=316>. Acesso em: 13 dez. 2021.

Respostas

Capítulo 1

Exercícios

1. d
2. d

Capítulo 2

Exercícios

1. d
2. a

Capítulo 3

Exercícios

1. b
2. a
3. b
4. d

Capítulo 4

Exercícios

1. a
2. c
3. a
4. b
5. b
6. b

Sobre a autora

Tatiana Lazzaretti Zempulski é mestra em Direito Empresarial e Cidadania pelo Centro Universitário Curitiba (UniCuritiba). Tem curso de Aperfeiçoamento em Direito do Trabalho e Processual do Trabalho na Universidade Sapienza (Roma). É especialista em Direito do Trabalho pela Pontifícia Universidade Católica do Paraná (PUCPR) e graduada em Direito pela Universidade Estadual de Ponta Grossa (UEPG). É advogada especialista em direito do trabalho e professora convidada do curso de Especialização em Direito e Processo do Trabalho da Academia

Brasileira de Direito Constitucional (ABDCONST). Além disso, é professora adjunta da Organização Paranaense de Ensino Técnico (Opet), no curso de Bacharelado em Direito; e professora no curso de Graduação em Direito do Centro Universitário Internacional (Uninter).

Impressão:
Janeiro/2022